温儒敏／主编

留取丹心照汗青

文天祥 传

何郁 著

长春出版社

全国百佳图书出版单位

图书在版编目(CIP)数据

留取丹心照汗青:文天祥传/何郁著.—长春:
长春出版社,2017.7(2020.1重印)
(常春藤传记馆/温儒敏主编)
ISBN 978-7-5445-4942-4

Ⅰ.①留… Ⅱ.①何… Ⅲ.①文天祥(1236-1282)-
传记 Ⅳ.①K827=442

中国版本图书馆 CIP 数据核字(2017)第175566号

留取丹心照汗青:文天祥传

著　者	何　郁
责任编辑	闫　言
封面设计	长春出版社美术设计制作中心
出版发行	长春出版社
总编室	0431-88563443
市场营销	0431-88561180
网络营销	0431-88587345
地　址	吉林省长春市长春大街309号
邮　编	130041
网　址	www.cccbs.net
制　版	佳印图文
印　刷	吉林吉达印刷有限公司
开　本	787毫米×1092毫米　1/32
字　数	125千字
印　张	7.875
版　次	2017年7月第1版
印　次	2020年1月第2次印刷
定　价	19.80元

版权所有　盗版必究
如有图书质量问题,请联系印厂调换　　联系电话:0431-81373515

总 序

温儒敏

十多年前,我主持人民教育出版社高中语文教材的编写,其中选修课就专门设置有《中外传记选读》一种,我自己还动手编写了这本教材。因为受高考"指挥棒"影响,一般学校的选修课未必真能让学生自主选修,很多选修教材编出来都没有使用,但《中外传记选读》一直很受欢迎,每年都有重印。这让我对传记的阅读推广有了特别的关注。

我还注意到最近三四年高考语文试题命制的一种趋向,无论全国卷还是其他省市卷,阅读题往往都选传记作为材料。比如2016年全国卷的甲、乙、丙三个卷子,文言文阅读的材料全是传记,包括《明史·陈登云传》(甲卷)、《宋史·曾公亮传》(乙卷)和《明史·傅珪传》(丙卷);现代文阅读的实用类文本也多用传记,节选了《吴文俊传》和《陈忠实传》。可见传记阅读越来越受到重视,考试也有意往这方面引导。

中小学语文教材也应当多选一些传记。现在

留取丹心照汗青——文天祥传

教育部正组织编写一套新的义务教育语文教科书，聘我担任总主编，这套新教材就选了不少名人传记，并鼓励学生多读传记。

为什么中小学生要多读传记？我曾在《中外传记选读》的前言中说过理由，这里不妨转述一下：

> 同学们都渴望能拥有健全、快乐和成功的人生，现在的学习阶段就在做准备，而且其本身就已经是你人生经历的一部分。我们该怎样设计自己的人生？当然最重要的还是学习。除了学习文化知识，还要从历史人物或者成功的人物身上学习宝贵的生活道理、人生哲学以及获取成功的途径。这就是励志教育，是人生教育中非常重要的部分。人都需要不断添加生活的动力，特别是在年轻的时候，要有偶像和楷模，有高远目标的激励。如同英国思想家培根所说过的："用伟人的事迹激励我们，远胜一切的教育。"让同学们从那些杰出的成功的人物身上吸取人生的经验，从前人多种人生道路的选择中寻找我们各自的"契合点"，这就是我们设立这门课的主要目的。

这里说的"设立这门课的主要目的"，其实

也是我们推出这套"常春藤传记馆"丛书的目的。

"常春藤传记馆"丛书由北京大学语文教育研究所组织编写，长春出版社出版。丛书每本10万字左右，其选目、内容和写法都是为中小学生"量身定制"的。我们希望这套丛书能作为基本图书进入中小学图书馆。和其他同类传记图书相比，"常春藤传记馆"丛书有四个特色：

一是传主覆盖范围广。包括中外古今各个领域的名人，涉及政治、军事、科学、实业、社会活动、文学、艺术、革命等领域。重点考虑有代表性的、在精神层面可以给学生激励的那些名人。

二是和课程教学有呼应。中小学除了语文，各个学科的教材和教学都会涉及中外古今各个领域的著名人物，选择主题首先考虑这一情况，选取学生有所接触又可能希望进一步了解的那些名人。这可以满足学生不同的兴趣爱好。

三是专门为中小学生编写。本套传记不是专业性强的评传，而是重在勾勒传主生平事业贡献的小传，内容和文字力求深入浅出，生动形象，有趣有味。阅读对象接受水平可以定位在初中程度，也可以稍高一点。特别是有些理科方面的传记，主要面对高中生。其实，小学生的课外阅读也要取法乎上，他们可以读这套为中等文化水平的读者设计的书。

四是内容安排上特别注重励志及健全的人格心理引导培养,在叙说传主生平事迹时,适当地自然地凸显这些方面的思考。

丛书取名"常春藤传记馆",有特别的含义。"常春藤"是一种多年生常绿藤类灌木。美国哈佛大学等几所著名的私立大学,组成体育联盟,叫"常春藤盟校",其起名是因为这些老校的校舍墙上常攀缘有常春藤。本丛书以"常春藤传记馆"作为标识,是虚拟的意象,可以联想到著名的学府,也可以联想到古代的书院,从而营造浓郁的阅读氛围和宁静的心境。另外,"常春"和"长春"同音,暗含这套丛书是由长春出版社出版的。

但愿广大师生喜欢这套书,也期盼大家提出批评建议,共同来经营好这套书,让"常春藤传记馆"更好地满足广大读者,特别是中小学生课外阅读的需求,满足语文教学的需求。

2016年6月30日济南历下

(温儒敏,山东大学一级教授,北京大学中文系教授,教育部聘义务教育语文教科书总主编)

目录

第一章 天降大任 / 001

奇异的出生 / 001
人杰地灵之乡 / 003
天降大任 / 004
是严父,也是蒙师 / 007

第二章 立下宏志 / 011

少小有志 / 011
敬仰乡贤 / 013
求学白鹭洲 / 019

第三章 喜中状元 / 024

乡试初露锋芒 / 024
省试再登荣榜 / 026
殿试秉笔直书 / 029

喜中状元 / 035

第四章　扶柩归乡 / 038

　　父亲文仪客死京都 / 038
　　扶柩归故里 / 041
　　兄弟再赴京城应试 / 043

第五章　初涉仕途 / 046

　　蒙古铁骑南下 / 046
　　上书纵论国事 / 050
　　屡次辞官不就 / 054
　　发现恩师王国望 / 058
　　冒死乞斩董宋臣 / 060

第六章　知行州府 / 063

　　重修碧落堂 / 063
　　亲登杏坛讲学 / 067
　　体察民间疾苦 / 069

第七章　首度遭贬 / 074

　　平反陈银匠冤案 / 074
　　横遭小人弹劾 / 079
　　愤然回到文山 / 081

第八章　三起三落 / 086

　　再次被逐 / 086

赴任宁国府 / 090
再次返京任职 / 093
交恶贾似道 / 095

第九章　风雨飘摇 / 099

襄樊告急 / 099
赶赴湖南 / 102
治理赣州 / 106
风雨飘摇 / 109

第十章　起兵勤王 / 112

挺身而出 / 112
群起响应 / 115
奸相作梗 / 117
常州血战 / 120

第十一章　九死南寻 / 123

兵迫临安城 / 123
舌战元营 / 129
虎口脱险 / 134
真州遇险 / 139

第十二章　重整旗鼓 / 146

死里逃生 / 146
重整旗鼓 / 153

第十三章　江西大捷 / 159

　　开府聚兵，民心拥护 / 159
　　翻越梅岭，收复江西 / 164

第十四章　南岭被俘 / 171

　　空坑受挫 / 171
　　南岭被俘 / 178
　　崖山观战 / 186

第十五章　明志北上 / 198

　　诀别故乡兮，故乡日远 / 198
　　回首故国兮，故国情深 / 205

第十六章　铁血囚徒 / 211

　　宁折不弯，誓不降元 / 211
　　广集杜诗，以抗囚禁 / 217

第十七章　英勇就义 / 225

　　辞亲别友 / 225
　　柴市赴刑 / 231

第一章
天降大任

奇异的出生

古时候，大凡一个有成就的人，人们总喜欢帮他虚构一个奇异的出生，以显示其不同凡响的人生经历。

南宋理宗端平三年（1236）五月初二，爱国将领、南宋末年最杰出的政治家、诗人文天祥诞生于南宋江南西路吉州庐陵县顺化乡富田寨，也就是现在江西省吉安市青原区富田乡文家村。宋朝曾将全国分成京东、京西、江南、淮南等十五路行政区，每一路行政区面积大小不等，许多相当于现今的一个省。江南西路是宋朝经济比较发达、人口比较密集的一个行政区，相当于今天江西省的大部分。

文天祥出生的前一天,父亲文仪就一整天坐立不安,在家里家外徘徊,一是希望孩子出生顺利,夫人生产平安;二是忧虑孩子出生后是否聪明智慧,成长是否顺利,将来是否有所作为;三是忧虑这孩子是否是男丁,传宗接代的观念还是根深蒂固;四是无论男孩女孩,该如何养育,该如何调教……纷乱的思绪让这位饱读诗书的儒士坐立不安,不能平静。凌晨时分,迷迷糊糊中他做了一个梦。在梦中,蓝天空阔辽远,天边有一个婴儿踩着一朵祥云轻盈地飘过来……这时,喜讯传来了,说孩子降生了,是个男丁,夫人也平安。文仪悬着的心放下了。

文仪怀着巨大的喜悦,给孩子取名云孙,字从龙。意谓孩子是腾云驾雾而来,似一条祥龙出生在文家。孩子稍大后,看到孩子眉清目秀、宅心仁厚,文仪又给孩子取名天祥,字履善,寄托着对孩子无限美好的祝福,也寄托着文家的全部希望。后来,文天祥参加殿试,宋理宗钦点他的试卷,看到"天祥"二字,喜不自胜,脱口而出:"此天之祥,乃宋之瑞也。"此后,文天祥就以宋瑞为字,以天祥为名了。

人杰地灵之乡

吉安是历史文化名城,古称庐陵、吉州。唐宋八大家之一、声名显赫的宋代文坛领袖欧阳修就诞生于庐陵。南宋末年,在庐陵又诞生了一位杰出的诗人、政治家,这就是文天祥。一个开风气,一个挽风流,称得上是庐陵最大的荣光了。

庐陵,因庐水而得名。在秦朝时就已设立县制,迄今有两千多年的历史了。庐陵,元朝始称吉安,预示着吉泰民安之意,沿用至今。清朝光绪元年(1875)刊行的《吉安府志》中说"庐陵县古称大邑",即古代时庐陵县是一个较大的市镇,比较繁华;又说"俗尚儒学,敬老尊贤,豪杰之士喜宾客,重然诺,轻货财",即说庐陵自古以来就深受儒家文化影响,人们重道义,讲礼节;还说"欧阳修一代大儒,开宋三百年文章之盛。士相继起者,必以通经学古为高,以救时行道为贤,以犯颜敢谏为忠。家诵诗书,人怀慷慨",庐陵有良好的教育风气及士人节操,人们都重视读书,重视气节,都以追求做顶天立地的大丈夫为荣。这些思想和文化传承,在文天祥的身上扎根、开花。文天祥胸怀大义、勇于担当的精神品质,是与家乡良好的风气和深厚的儒家文化底蕴分不开的。庐陵是文天祥生命的源头,也是他一生的牵挂所在,文天祥也是庐陵历史上的一位伟丈夫。

庐陵素有"江南望郡""文章节义之邦"的美誉。苏东坡曾写诗称赞——"巍巍城郭阔,庐陵半苏州",意谓庐陵的读书之盛顶得上半个苏州了。在庐陵还流传着:"一门九进士,父子探花状元,叔侄榜眼探花,隔河两宰相,五里三状元,九子十知州,十里九布政,百步两尚书。"可见庐陵的读书风气是何等昌盛。在漫长的文化浸润中,庐陵沉淀出以书院文化、宗教文化、农耕文化、手工业文化、商贾文化等为主的庐陵文化,并成为江南文化的重要组成部分。白鹭洲书院更是成为一时之盛,与庐山的白鹿洞书院、铅山的鹅湖书院、南昌的豫章书院齐名,合称江西四大书院。文天祥曾在白鹭洲书院读书求学。

天降大任

从北宋到南宋,宋朝屡屡受到来自北方强悍民族的侵扰,在与其的交战中,宋军节节败退,退过黄河,退过淮河,眼看着就要退过长江天堑了。国难当头，民族处于危亡关头，正需要勇士、义士挺身而出，挽民族狂澜于既倒。孟子的"舍我其谁""虽千万人吾往矣"，正是从古至今对爱国英雄的一种呼唤。文天祥在这个时候出现，难道说不是正逢其时吗？历史选择了他，他也必然选择历史。使命感和责任感，在呼唤爱国英雄出世。

我们来看看文天祥所处的时代——

赵匡胤建立宋朝的时候，宋朝的北部边疆一直没有平静过。916年，耶律阿保机建立契丹国，后改国号为辽，即辽国，耶律阿保机称帝。辽国与宋朝多次交手，宋朝多次战败，尝到苦头后，宋太宗自嘲地说："国家若无外忧，必有内患。外忧不过边事，皆可预防；惟奸邪无状，若为内患，深可惧也。"

1038年，党项人元昊建立大夏国，史称西夏。西夏建国后，展开了对北宋更大规模的进攻。北宋也是连连惨败，不停地议和，不停地进贡——北宋每年"赐给"西夏国绢丝十五万三千匹，白银七万二千两，茶叶三万斤。

1115年夏历新年伊始，起源于白山黑水间的女真族在与辽国的斗争中强大起来，首领完颜阿骨打仿照汉制，建立了大金国并称帝。1125年，金国灭掉了辽国。1126年，金兵大举进攻北宋，攻陷东京（今河南开封），宋钦宗投降，北宋灭亡。金兵不仅烧杀抢掠，肆意毁坏文物，还掳走了宋徽宗、宋钦宗父子二人。著名爱国将领岳飞在《满江红》中写道"靖康耻，犹未雪"，"靖康耻"指的就是北宋徽、钦二帝沦为阶下囚这件事。是时，宋钦宗的弟弟赵构因奉诏在前往金国求和的路上，才幸免于难。等金兵退走后，赵构在南京（今河南商丘南）即位称帝，史称宋高宗，仍沿用宋朝国号，历史上称为南宋。

1206年，成吉思汗统一蒙古诸部，蒙古帝国开始走上历史舞台。这支来自草原的、靠血腥杀戮建立起来的武装力量，表现得更为强悍，对周围的邻国展开了风卷残云般的打击。当时，有人形容蒙古军的强悍和迅捷——"来如天坠，去如电逝"。成吉思汗说男子汉最大的乐事，就是压服乱众和打击敌人，将他们斩草除根。

蒙古军就是这样，以万军不可阻挡之势，在短短20多年的时间内，像狂风扫落叶一样，先后灭掉了曾让宋朝胆战心惊的几支武装力量。灭掉这些国家之后，蒙古军肯定要挥兵南下，节节败退的南宋王朝还能是蒙古军的对手吗?

文天祥出生的前一年,蒙古骑兵已经踏过南宋边境了。1235年,蒙古军渡过黄河,攻陷唐州(今河南唐河)、枣阳(今属湖北)。第二年也就是文天祥出生的这一年,蒙古军又攻陷郢州(今湖北钟祥)、襄阳、德安(今湖北安陆)。襄阳自古以来就是兵家必争之地,襄阳破,南宋危。更何况,蒙古军的另一支军队已挺进四川,攻陷成都,对南宋形成包围之势。南宋危在旦夕!

文天祥就出生在这样一个时间档口。也许是冥冥之中历史和文天祥的一个双重选择吧。孟子说得好,"天将降大任于斯人也,必先苦其心志,劳其筋骨,饿其体肤,空乏其身,行拂乱其所为,所以动心忍性,增益其所不能"。挽王朝狂澜于既倒的重任,就这样历史性地落在了文天祥的身上。

是严父,也是蒙师

文天祥的父亲文仪是一个饱读诗书的儒士,一个乡间读书人。他嗜书如命,据说他藏有《宝藏》三十卷、《随意录》二十卷,读书常常是一灯如豆读到天明。文仪读书不顽固,不保守,勇于推陈出新。他的腰间玉佩上刻有一个"革"字,寓意倡导革新,他说"滞学守固,化学来新",他反对拘泥于词句,主张在理解的基础上读出自我发现的新意。文仪自号革斋,人们尊称他为"革斋先生"。

正因为对读书求学有独到的见解,所以文仪对文天祥兄弟二人(文天祥的弟弟文璧,小文天祥一岁)的读书指导也与常人不同,重在对义理的理解上。文天祥在一首诗中写道"袖中莫出将相图,尽洗旧学读吾书",可见,他是勇于挑战的。他之所以形成"法天地之不息"的精神,是与其父亲的教导有关系的。不仅如此,文仪教导孩子读书,还特别注重环境的熏陶作用。文仪特意在竹林旁边盖了一个书屋,取名为"竹居",寓意清雅高洁。这样的环境对文天祥读书兴趣的培养和人格的形成作用很大。后来文天祥在不仕被贬的时候,就特别讲究对环境的营造。文天祥回忆小时候读书的情景,总会感到很快乐。他说:"天祥兄弟奉严训,早暮侍膝下,唯诺怡愉,不翅师友。或书声吾伊,或敛襟各静坐潜讽,或掩卷相与戚嗟人情世道……天下之乐莫如焉。"真是其乐融融。

家里请不起塾师，文仪就自己教两个孩子。他对孩子要求很严，白天课读，晚上温习，凡是重点内容都要求两个孩子背诵，要求他们做到烂熟于心。两个孩子记不住，他就把重点内容抄录下来，贴在墙壁上、门窗上、书架上、门柱上，以至于家里许多地方都贴满了这样的"格言警句"。久而久之，就培养了两个孩子勤学苦练和好学精思的精神品质。

有一件事对文天祥的影响特别大。有一次文家准备盖房子，计划用的木料堆满了一面墙壁。这时，瘟疫发生了，一下子死了许多人。眼看着许多人家破人亡，尸骨难收，文仪很难过，决定捐献自己盖房子的木料。于是他请来木匠，为这些人打造棺材，帮他们收殓尸骨。有人不理解，认为文仪有些迂腐，文仪说："迂腐就迂腐吧，这些人这么困难，我不伸手帮一把，怎么看得下去？"文天祥认为，这是父亲在践行儒家的"慎终追远、体恤生命"的理念。事后，文仪要求文天祥读北宋人钱公辅写的《义田记》，文天祥很有感触。父亲说齐国贤相晏婴自己乘坐破旧的马车，心中却总是惦记着那些穷困的书生；北宋大臣范仲淹自己购买"义田"，为的是供养同族人，让他们有饭吃，有衣穿，能过正常的生活。文天祥明白了，做人就要做这样的君子，心中有大爱，有仁义，有悲悯。

文仪就是这样一个好父亲，既教孩子做人，又教孩子读书。幼小的文天祥从开始懂事起就接受了良好的教育，儒家那种心怀仁爱、勇于担当的精神在他心中深深扎下了根。

文天祥的母亲曾德慈是知书识礼之人，出身于书香门第，受过良好的教育。嫁到文家后，她受文仪的影响，深明大义、省吃俭用，想尽办法供孩子读书。文天祥的外祖父曾钰，也是一方智叟，不仅书读得好，而且为人豪爽仗义、刚正不阿，颇有君子之风。这一切都对文天祥的成长产生了积极的影响。

虽然年龄幼小，但文天祥已经不满足于在家这样的小环境里读书求学了，他决意出门去开阔一下视野，去求教更多的名师硕儒，"转益多师是吾师"。慢慢长大的文天祥，决意要像雄鹰那样，去看一看外面更加广阔的天空。

第二章
立下宏志

少小有志

在文天祥的亲人中，还有一个人对他影响很大，这个人就是他的外祖父曾钰。曾钰不仅直接传授知识给文天祥，影响他的人生道路，而且对文天祥的人格塑造也有潜移默化的影响。

曾钰，字天赐，号义阳逸叟，吉州太和县梅溪人。从名号来看，曾钰是一个饱读诗书、睿智怡情而风神潇洒的人物，称得上是一个有道德的君子。曾钰生有两个儿子和四个女儿，二女儿就是文天祥的母亲曾德慈。

曾钰是一个洒脱的人，为事为人，一任其性。他酷爱诗书，笃信佛老，涉猎百家，迷恋长生不老之术。他热爱生活，偶尔贪杯，常常与志同道合之人痛饮品茗，围猎棋局，常常忘其所归。他光明磊落，热心好义，轻财贱货，周济穷人，胸怀悲悯，在乡间坦荡做人。他天性颖慧，志趣高雅，又手不释卷地刻苦攻读，善于结交洒脱的读书文士。他重情重义，孝顺父母，尊重长辈，与邻为善，是一位深明大义的长者。在太和梅溪，曾钰是一位有影响力的人物。文天祥从8岁开始，就经常跟随母亲去外祖父家读书受教。外祖父出钱为其请私塾先生，一来一去，风雨无阻，长达20多年。可以说，外祖父的许多品质后来都化作了文天祥的道德文章。

曾钰71岁去世，算是高寿了。外祖父去世后，文天祥曾撰写了《义阳逸叟曾公墓志铭》，对外祖父的高洁品德、卓绝才华和洒脱的人生风貌做了高度的评价，对外祖父的仁爱之风推崇备至，并深情描述了外祖父对自己深厚的舐犊之情。可惜这篇墓志铭现在已经找不到了。

文天祥写过一首《题钟圣举积学斋》，清楚地表达了他小时候立志向学的理想，这也是目前我们能读到的文天祥最早的一首诗。

东家筑黄金，西家列珊瑚。
叹此草露晞，良时聊斯须。

> 古人重孜孜，殖学乃菑畬。
> 彼美不琢琱，椟中竟何如？
> 空同白云深，君子式其庐。
> 柴几照初阳，垂签动凉嘘。
> 方寸起岑楼，一勺生龙鱼。
> 辰乎曷来迟？竞诸复竞诸。

意思是有的人注重聚敛财富，须知那些东西就像早晨的露水一样，转瞬即逝。古人特别重视勤勉好学，就好像种田耕耘一样，重视日积月累；做人也应该这样啊，就好像美玉必须要经过雕琢一样。勤学的君子得到人们赞美，初升的太阳映照着香柴几，悬垂的书签被凉风吹动，字里行间耸立高楼，一勺之水能使鱼龙遨游。我期待着美好时光快快到来，我要进取、进取、再进取。

你看，借诗明志的文天祥是多么可爱、多么有志气！

敬仰乡贤

杜甫说"转益多师是吾师"，意思是说读书就应该多拜老师、多向老师学习。父亲和外祖父的教育已经不能满足文天祥了，文天祥决定去外面看一看。

有一天,父亲文仪对文天祥说:"庐陵自古以来就是人杰地灵之邦、忠贞义节之地,我要考考你,你知道庐陵'三忠一节'是指哪几个人吗?"文天祥回答说:"父亲,我自幼就跟着您读书明理,当然知道我们庐陵有哪些乡贤。"文天祥继续说,"这'三忠'就是指欧阳修,死后谥'文忠公';杨邦乂,死后谥'忠襄公';胡铨,死后谥'忠简公';这'一节'乃是指杨万里,死后谥'文节公'。"见文天祥回答得这么好,父亲文仪满意地点点头,笑了。

有一次,文仪带着文天祥去庐陵学宫乡贤祠,想让儿子瞻仰瞻仰"三忠一节",亲自讲一讲这四个人可歌可泣的动人故事。这一年文天祥18岁。

父子俩首先来到欧阳修的画像前,文天祥一下子就认出了欧阳文忠公,他早已熟读了欧阳修的诗文,欧阳修的音容笑貌都印刻在他的脑海里。父亲指着欧阳修的画像问儿子:"跟我说说看,你最欣赏欧阳修的是什么?"文天祥沉思了一会儿,说道:"我最欣赏的是欧阳文忠公与民同乐的情怀。"父亲追问:"说得具体一些。"文天祥说:"欧阳修开大宋文坛风气,倡导古文运动,是文坛公认的领袖。欧阳修忠直耿介,为人磊落光明。苏轼对欧阳修有非常高的评价,我完全认同。"

"哦?是吗?那说说看。"父亲微笑着看着儿子。

文天祥挺了挺胸说道:"苏轼说,欧阳修论道统,不输给韩愈;论做事,不输给陆贽;论记述历史,不输给司马迁;论写诗吟词,不输给李太白……"

"这评价很高啊!你能举一个例子来说明吗?"

"司马迁写有《史记》,堪称一家之言。欧阳修参与编撰了《新唐书》《五代史》,也成一时之风流。"

文仪竖起了大拇指:"你讲得很好,了不起!那么,你说的'与民同乐'又是怎么一回事?"

"父亲,"文天祥沉思着,仿佛欧阳修就站在他面前,"我记得父亲让我常读欧阳修的《醉翁亭记》,那就是一篇表达与民同乐的政治情怀的佳作。欧阳修说'树林阴翳,鸣声上下,游人去而禽鸟乐也。然而禽鸟知山林之乐,而不知人之乐;人知从太守游而乐,而不知太守之乐其乐也。醉能同其乐,醒能述以文者,太守也。太守谓谁?庐陵欧阳修也。'欧阳修多么清醒地知道,他的乐不同于禽鸟之乐，不同于游人之乐，他是醉能同其乐，醒能述其文，无论是清醒还是痛饮，他都能与民同乐。"

看到儿子对欧阳修的书读得这么熟，而且还有自己的理解，文仪很高兴，心想：这正是自己倡导的读书方法啊。父子二人不知不觉间走到了杨邦乂的画像前。

杨邦乂，宋朝南渡初期的忠贞义士。当金兀术率兵攻占了建康（今南京），俘虏了杨邦乂时，杨邦乂表现出了誓死不降金兵的决心。杨邦乂当时任建康通判，金兀术诱降他，说可以让他官复原职。杨邦乂听后猛地用头撞击堂柱，撞得血流满面，连金兀术都吓了一跳。杨邦乂大声说："世岂有不畏死而可以利动者？速杀我！"气得金兀术直跺脚。一计不成，金兀术又生一计，试图用高官厚禄劝降杨邦乂。杨邦乂愤怒地说："休得污我！"并咬破自己的手指，用淋漓的鲜血在衣襟上写下十个大字——宁做赵氏鬼，不为他邦臣，表达了视死如归的决心。金兀术多次劝降无效，于是杀害了杨邦乂。当时杨邦乂年仅44岁。金兀术还命人破其胸取出他的心肝，想看看杨邦乂的心肝到底是什么做的。

父亲讲完这些，文天祥已经泪流满面了。杨邦乂英勇就义的场景如一幅画面，深深地刻印在文天祥的脑海中。杨邦乂的大义、忠节和视死如归给了文天祥极大的震撼，他被捕以后，就时时会想起当年参拜乡贤的一幕。

他们又来到了胡铨的画像前。胡铨与杨邦乂是同一时代的人，也是忠节义士，为了挽救南宋王朝，他忠肝义胆，勇于直言，敢作敢为。

绍兴八年（1138），金国派使者来临安议和，使者们态度傲慢，目中无人，完全不把南宋朝廷放在眼里，对南宋高官颐指气使。而宋高宗和宰相秦桧百般卑躬屈膝，一味求和，完全丧失了国格和人格。胡铨看在眼里，气在心头，立即上书宋高宗，一方面揭露金国议和的阴谋，一方面要求朝廷斩落秦桧、王伦、孙近的人头，以示决一死战的决心，并立誓说如果朝廷不这样做，他就准备投东海而死。

胡铨的奏折一经传出，马上引起强烈反响，传到金国，甚至引起了金国的恐慌。金国人说，南宋朝廷大有人在，南宋朝廷不可轻视。可是在宋朝内部却是另一番景象。秦桧因为惧怕胡铨的正直和刚强，知道不能硬碰，于是联合其他大臣，找了一些莫须有的理由,把胡铨贬出了朝廷。直到二十多年后,宋孝宗即位才把胡铨召回来。

胡铨到了晚年仍心系朝廷,不忘抗击金国,收复失地。他屡屡劝谏宋孝宗要重整河山,要安抚百姓,不要放弃希望。他在病榻上还时时不忘向唐朝的张巡学习,想上前线奋勇杀敌,以身殉国。

听了胡铨的故事,文天祥心里暗暗地想:这真是一位大丈夫,我要向他好好学习。接着,父子二人又来到了杨万里的画像前。

杨万里,南宋中兴四大诗人之一,与尤袤、陆游、范成大齐名。杨万里的诗歌多描写自然景物,语言清新浅近,内容风趣自然,被人称为"诚斋体"。文天祥很喜欢杨万里的这些诗,许多诗都能倒背如流,如《晓出净慈寺送林子方》:

> 毕竟西湖六月中,
> 风光不与四时同。
> 接天莲叶无穷碧,
> 映日荷花别样红。

再如《小池》:

> 泉眼无声惜细流,

树阴照水爱晴柔。

小荷才露尖尖角，

早有蜻蜓立上头。

不过，在文天祥心中，有一首诗是他格外喜欢的，这就是《桂源铺》：

万山不许一溪奔，

拦得溪声日夜喧。

到得前头山脚尽，

堂堂溪水出前村。

文天祥喜欢溪水那种百折不挠、万折不屈的心性和志向，读这首诗，能时时激励自己读书求学、奋斗不息。

参观完乡贤祠，文天祥在院里种下柏树，指着柏树说："吾异日大用，当尽忠报国，此柏乃生！"他又对父亲说："殁不俎豆其间，非夫也！"由此立下宏志，要一身正气，风骨凛然，做一名顶天立地的大丈夫！

求学白鹭洲

文天祥与弟弟文璧一起进入白鹭洲书院学

习，为迎接大考做准备。

白鹭洲书院位于赣江江心白鹭洲之尾，由时任江南路吉州知州的江万里创建，是南宋著名的四大书院之一。它的得名可能与李白的一首诗有关。李白写过《登金陵凤凰台》，诗云：

> 凤凰台上凤凰游，凤去台空江自流。
> 吴宫花草埋幽径，晋代衣冠成古丘。
> 三山半落青天外，二水中分白鹭洲。
> 总为浮云能蔽日，长安不见使人愁。

因白鹭洲的情景酷似李白诗中描绘的情景，所以尽管人们都知道李白的诗不是描绘吉州的，但出于喜欢这个景象，仍然把沙洲取名为白鹭洲，书院遂就其名。也有一种说法，说有一个白鹭仙女与一名年轻的渔民恋爱，在洲上生儿育女，繁衍生息，幸福美满。后来人们为了纪念他们，也为了祈愿风调雨顺，遂将这一沙洲命名为白鹭洲。

白鹭洲书院前面有半月池，过池铺设有一级一级的台阶，直到大门，这就是棂星门。棂星门原为孔庙的第一道门，是孔子尊天的象征。后来预示着孔子教化百姓、化育天下的伟大功德，也表示此为学宫之地，希望由此汇聚四方学子，把学子们统一于儒学门下。登门入殿，是文宣王殿，进殿援楼梯登上云章阁，直上风月楼。登上楼阁以后，就是一片开阔的天地了。只见近处，竹木葱茏，花草掩映，树木幽深，而远处波浪翻滚，山峰起伏，山际如黛。白鹭洲书院就坐落在树木幽深之处，是一个读书求学的好去处。

白鹭洲书院的创建者江万里，在南宋理学方面，是赫赫有名的人物。他少小便跟随父亲学《易经》，后来又去庐山脚下的白鹿洞书院拜朱熹的门人学习理学，成为朱熹理学的忠实传人。江万里性格耿直，他曾经与宋理宗讲治国之得失时，耿直进言："君子只知有是非，不知有利害。"由此可以想见其耿直的性格。

宋理宗淳祐元年（1241），江万里创建了白鹭洲书院，亲自讲授理学。他说"某自入境以来，允为教化，为政先务……惟学校之华滋，春华秋实"，把人生中一段美好的年华贡献给了吉州。离任时，他亲自挑选一个道德文章都有口碑的门生接管白鹭洲书院，任山长（主要讲学人）。他选中了欧阳守道。于是师生二人有了后来流传甚广的一段对话：

江万里说："你知道，吉州被称为欧乡，

想必欧阳修的后人在此地此乡为数不少,请问你是欧阳修的第几代子孙?"

欧阳守道说:"回老师,我不是欧阳修的后人,我祖上所居所葬,读书为官,都跟欧阳修无关。"

江万里说:"原来是这样。"不觉脸上露出了微笑。

欧阳守道说:"老师,恕学生无礼。"欧阳守道看了看老师,继续说道:"欧乡一说其实也不是起于欧阳文忠公,而早在南唐时就已有此说法了。"

江万里默不作声,轻轻地点了点头。他确实没有看错人,这位年轻人不仅书读得好,而且为人朴实、忠诚,说话不卑不亢,有礼有节,符合他心中的选人标准。

欧阳守道果然不负所望,不仅在白鹭洲书院广开教育之风气,有教无类,让许多普通百姓的孩子上得起学,而且制订了严谨的治学规矩,要求学生勤奋学习,认真钻研,让学生既能学到真本事,也能养成正直的个性。他培养了一大批优秀的学生。后来官至宰相的文天祥、爱国诗人刘辰翁都出自他的门下。宝祐四年(1256),宋理宗朝录取601名进士，其中吉州44名，绝大多数都是白鹭洲书院的学生。吉州进士数量名列全国第一，文天祥还中了状元。宋理宗非常高兴，亲笔题写了"白鹭洲书院"的牌匾，悬挂于书院的大门上，从此白鹭洲书院名扬全国。

文天祥对这一段求学历史铭记在心，而且充满自豪之情。他曾自称为"某青原白鹭书生耳"。后来，他撰文记述欧阳守道的功德和师生之谊时说"先生爱某如子弟，某事先生如执经"，对欧阳守道恭敬有加。在文章中，文天祥深情追忆师生之谊："其与人也，如和风之著物，如醇醴之醉人；及其义形于色，如秋霜夏日，有不可犯之威。其为性也，如盘水之静，如佩玉之徐；及其赴人之急，如雷霆风雨，互发而交驰。其持身也，如履冰，如奉盈，如处子之自洁；及其为人也，发于诚心，摧山岳，沮金石，虽谤兴毁来，而不悔其所为。"对老师的高风亮节和道德文章，文天祥给予了高度评价，也表明了自己的志向。

第三章
喜中状元

乡试初露锋芒

宋理宗宝祐三年(1255),文天祥在白鹭洲书院求学的时候,也到了三年一次的乡试大比之年。按照宋朝规定,凡是参加京城省试的学子,必须先参加州府的乡试,且要取为贡士,这就是俗称的中举。这一年,文天祥20岁。

文天祥不仅身材高大,而且仪表堂堂。《宋史·文天祥传》记载:"体貌丰伟,美皙如玉,秀美而长目,顾盼烨然。"看看,文天祥多么风流倜傥。还有的书上说:"英姿隽爽,目光如电。"简直就是一个美男子啊!

按照父亲的安排,文天祥与大弟文璧、二弟文霆孙一起参加乡试。乡试的时间安排在八月,八月也是江西吉州最热的月份。让人意想不到的是，就在乡试前一个多月，二弟文霆孙突然病倒，而且卧床不起了。父亲焦急万分，文天祥也束手无策，一家人急得团团转。文霆孙大概意识到这一次病势不好，难逃一劫，于是伸出瘦弱的手，央求哥哥们让他写几句话。哥哥们为他准备好纸墨，只见文霆孙颤颤巍巍地写下"出师未捷身先死，长使英雄泪满襟"，原来他是借杜甫的诗句来表达自己人生的大遗憾啊！文天祥看到此情此景，不禁潸然泪下。最终，二弟带着巨大的人生遗憾离世了。父亲文仪、母亲曾德慈悲痛欲绝，一家人都沉浸在悲伤的气氛中。

考试的日期渐渐临近，一家人仍然沉浸在悲伤的气氛中。但他们必须振作起来，作为长子的文天祥，必须先带头！于是，文天祥恳求父亲允许他带着大弟文璧去登临书院的楼阁，去抒怀眺望。兄弟二人登上书院的风月楼，只见赣江两岸的群山跃跃欲试，似乎马上就要飞走了，只见白鹭洲静静地卧在江水一侧，仿佛是一个饱读诗书的先生，正仰头观看日月星辰呢……看到这些，文天祥一下子就安静了，回身看看文璧，他似乎也从悲痛中解脱出来了。文天祥长舒了一口气，心里对即将到来的考试充满了信心。

一个月之后,文天祥与大弟文璧走进考场,从容答题,结果双双榜上有名,文天祥还考了第一名。兄弟二人初试就取得了如此优异的成绩,双双考中贡士,给文家带来了一丝喜悦,父亲、母亲终于露出了笑脸。

省试再登荣榜

按照宋代科举制度的规定,省试安排在乡试的第二年春天举行,考试地点设在都城临安(今杭州)。从吉州到临安有一段漫长的路程,所以,考完乡试,兄弟二人就紧锣密鼓地准备赴京赶考事宜了。

文家一下子考中两名贡士,且文天祥考中第一名,这不仅是文家的光荣,也是庐陵的骄傲,庐陵长官李迪学决定举行盛大的宴会,为文家兄弟二人送行。在这次宴会上,文天祥十分高兴,情不自禁地写了一首和诗,答谢李迪学长官,这就是《次鹿鸣宴诗》:

> 礼乐皇皇使者行,光华分似及乡英。
> 贞元虎榜虽联捷,司隶龙门幸缀名。
> 二宋高科犹易事,两苏清节乃真荣。

囊书自负应如此，肯逊当年祢正平。

这首诗首先分享了考试取得好成绩的荣光，对地方长官举行送行宴会表示感谢，也表达了兄弟二人双双荣登金榜的喜悦之情。接着文天祥用宋庠、宋祁兄弟喜中状元一事，表明考中状元也是自己两兄弟的志向，暗示兄弟二人完全具有这样的才华——这是多么自信啊。继而又用苏轼、苏辙兄弟的故事，表明相比较于宋庠、宋祁兄弟考中状元一事，自己更看重做人的清廉节操和兄弟间的深厚情谊，认为这才是做人真正的荣光，这种认识就高人一筹了。最后文天祥以三国时期的祢衡做对比，表明自己的耿介和忠直绝不在他之下。这首诗与其说是一首答谢诗，不如说是一首明志诗，文天祥巧借答谢的机会，既感谢了地方长官的厚爱，也借用典故含蓄地表达了自己伟大的志向。

宝祐三年（1255）十二月初，文天祥与父亲文仪、大弟文璧一行三人启程赴京赶考。他们取道江南东路的信州（今江西上饶），前往临安。一路上，文天祥兄弟二人一面刻苦攻读诗书，一面尽心照料父亲，因为他们知道父亲还没有完全从丧子之痛中解脱出来。走到江西玉山县，这里奇山异水，风光秀美，父子三人身心大为愉悦，父亲也好似从悲痛中走出来了。文天祥念叨着唐代诗人戴叔伦描写玉山风光的诗句"家在故林吴楚间，冰为溪水玉为山"，心下暗想：自己的家乡不也是这样漂亮吗？等到自己以后有时间在家乡长住时，也要好好描绘一下家乡的明丽山水。后来，文天祥在家乡长住，如其所愿，描绘了家乡的山水。这是后话，暂且不说。

走到玉山时，文天祥碰到一桩怪事，一个和尚非要给他看相，看完后，和尚先是沉默不语，后又大发感慨。文天祥心生疑惑，但碍于父亲在场又不便深问，怕父亲担心。父亲文仪忙把和尚拉到一边想问个究竟。和尚说："此郎必为一代之伟人，然非一家之福也！"父亲再问，和尚就不说了，只是摇头，然后就走掉了。孰料和尚一语成谶！文天祥生于国力衰微之世，又遭逢奸臣当道之时，性格耿直，敢作敢为，一方面国家在危难之时确实需要雄才伟略、挽狂澜于既倒的人才，另一方面国家病急乱投医，统治者也一定容不下像他这种刚正不阿的忠臣。

父子三人整整走了一个来月，于宝祐四年（1256）正月初到达临安城。临安城自宋高宗绍兴二年（1132）被定为南宋都城以来，经过一百二十多年的建设，人口有一百三四十万，已成为一个大城市了。人口稠密，建筑巍峨，商业繁荣，集市林立，热闹非凡，它是南宋偏安一隅的政治、经济、文化和交通中心。此时，省试的日子已经临近了。父子三人租下客馆，安置停当，文仪便催促着兄弟二人赶紧准备应考。

省试开始了。文天祥、文璧参加了经义进士科考试。那时考生考完后试卷要密封、誊录，然后考校、定等，最后奏上字号，拆封出榜。发榜那天，文天祥、文璧看到自己的名字都在上面，兄弟二人相视一笑，高兴地互相祝贺。主持考试的礼部官员调看了文天祥的试卷，很是欣赏，把他列为第一名。兄弟二人都取得了参加殿试的资格。兄弟二人跑回客馆，高兴地把消息告诉了父亲文仪，父亲也难得一笑，连日来密布的愁云此刻终于完全散开了。

殿试秉笔直书

殿试的日子终于来临了！

宝祐四年（1256）五月初八，在临安城举行了盛大的殿试。殿试俗称"御试""廷试""廷对",即由皇帝亲自出题考试。殿试由唐高宗创制,宋朝时已为常制。宋朝时完善了乡试、省试、殿试三级科举考试制度,后被元明清三朝沿用下来。殿试是科举考试的最高阶段,发榜后,由皇帝亲自在太和殿举行传胪大典,宣布殿试结果。进士分为三甲等第。一甲三人,俗称状元、榜眼和探花,赐进士及第;二甲若干名,赐进士出身;三甲若干名,赐同进士出身。因此也有人把殿试称为进士考试,意即考中进士就可以加官晋爵,进入皇帝的法眼。

就在殿试的前几天,父亲文仪突然病倒,这可急坏了兄弟二人。如果兄弟二人都去参加考试,父亲一人在客馆,生病无人照料,万一父亲有个好歹,那岂不是人生之大不孝?兄弟二人颇为犯难。文仪把兄弟二人叫到面前,对他们说:"现在总要有个决断。你们两个留下一个照顾我,不能落下不孝之名;一人去参加殿试,不能放弃这次大考的机会。我思前想后,决定让天祥去参加殿试,文璧留下来照顾我,一是天祥学问要高出一筹,去应考更有把握,二是文璧年纪小一点,以后还有机会。"父亲问文璧:"你没有意见吧?"兄弟二人早已哭成泪人,文璧点点头,文天祥望望父亲，似乎想开口说什么，可看到父亲的样子，欲言又止。兄弟二人紧紧拥抱在一起。

天有不测风云，就在开考的前两天文天祥却腹泻不止，不能进食。五月初八那天，文天祥一早就醒了，因无力行走，只能花钱雇一顶轿子将其抬进考场。

黎明时分，宫中殿直大声宣布，所有考生一律从丽正门的旁门进入宫中。聚集到丽正门前的考生听到招呼，一窝蜂地涌向丽正门的旁门。由于人多拥挤，加上旁门狭窄，文天祥被挤出一身大汗。然而，文天祥突然感觉头脑清醒，身体舒展，浑身也有劲儿了。文天祥随同其他考生走到集英殿的考棚中，找到自己的应考号坐下，从容取出笔墨纸砚，从考篮中取出御策试卷，准备答卷。

这一年的殿试由宋理宗亲自出题。有感于宋朝的国力衰微，宋理宗信奉朱熹理学，看重儒家的尊君观念推行仁政，然而收效甚微。宋理宗想借这次殿试机会，让考生们贡献治国良策，帮他解决心中的困惑。他在试策卷中提出了以下五个问题：

第一，儒家倡导修身、齐家、治国、平天下

的观念,这自然是圣人之道,朕也奉行此道,可为什么我朝实行仁政,却"志愈勤,道愈远"?

第二,上古时候天下太平,这自然是圣人治理的功效,可为什么后继之王忧心虑道,殚精竭虑,却难以达到上古那样的效果?什么才是破解之道?

第三,按理学之宗旨可以检验世道之清浊,可为什么汉唐君主,行仁政、推德化,却不能使国家大治,而不行仁德的君主却凭借纲纪可以维持统治?

第四,朕夙兴夜寐,日夜望治,国家却灾祸连连,财力衰微,人才匮乏,边防力量薄弱,战事紧急,这究竟是天道失去了作用,还是教化的功德没有普及大众?

第五,古人说"变则通,通则久",朕欲行变通之法,那今天可以实行变通之法吗?什么才是今天行之有效的变通之法?

最后,宋理宗表示自己愿意虚心听取意见和建议,希望考生发表"至切之论",不过,他又希望考生在提出对策时"勿激勿泛"。

文天祥首先从"道"入手,来讨论"道"与治世的关系。什么是"道"呢?文天祥说"所谓道,一不息而已矣"。那什么是"一不息"呢?"自太极而分阴阳,则阴阳不息,道亦不息;阴阳散而五行,则五行不息,道亦不息……道一不息,天地亦一不息。天地之不息,固道之不息者为之。"文天祥继续论述,"圣人出,而为天地立心,为生民立命,为往圣继绝学,为万世开太平,亦不过以一不息之心充之。"文天祥把北宋大儒张载的思想很好地揉进了自己的论述,这也是他结合理学精神谈自己的治世之道的主要认识。为此,文天祥针对宋理宗提出的为什么自己勤政却收效甚微,提出了自己的中心论点——"臣之所望于陛下者,法天地之不息而已"。"法天地之不息"就是文天祥这一篇策对的中心思想。

文天祥说:"圣人之心,天地之心也;天地之道,圣人之道也。"圣人之道与天地之道本是二而合一的,也是儒家天人合一的基本观念。《周易》《中庸》都讲圣人效法自然,自然就是道理,朱熹说,万事万物总有一个理,这个理就是大自然蕴藏的天道之理,所以朱熹讲格致,格致就是做功夫。文天祥说,宋理宗行天道功效不显,就好像"犹日至午而中",只要坚持不懈地做下去,就能见到最后的功效,千万不能半途而

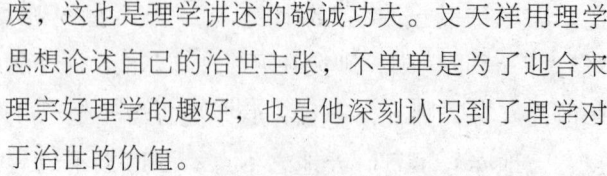

废，这也是理学讲述的敬诚功夫。文天祥用理学思想论述自己的治世主张，不单单是为了迎合宋理宗好理学的趣好，也是他深刻认识到了理学对于治世的价值。

文天祥还按照自己的理解，对宋理宗期望的治世之策谈了自己的建议，文天祥指出必须从四个方面加以改革：一是"天灾与安民"方面，文天祥认为天灾人祸均是由民怨引起的，所以说，"天变之来，民怨招之矣"；二是"人才与世风"，文天祥认为人才匮乏都是世风败坏造成的，所谓"人才之乏，士之蛊之也"；三是"兵力与国策"，文天祥认为兵力不足当然是国家财力空虚造成的，即"兵力之弱，国计屈之也"；四是"盗寇与边防"，文天祥认为外敌的入侵多半有内部的接应，外敌不足畏，内敌才须引起警惕，所谓"一夫登岸，万事瓦裂"，这才是最要命的后果。

针对宋理宗提出的"勿激勿泛"，文天祥更是大胆地表达了自己的看法，他认为：

> 陛下乃戒之以勿激勿泛，夫泛固不切矣，若夫激者，忠之所发也。陛下胡并与激者之言而厌之邪？厌激者之言，则是将胥臣等而容容唯唯之归邪？然则臣将为激者欤？

将为泛者欤？抑将迁就陛下之说，而姑为不激不泛者欤？

多么大胆的表达！要知道这是一篇决定自己命运和前途的策对，这样直接触犯皇帝，弄不好不光是不能被录取，甚至有可能招来杀身之祸。从这里也可以看出文天祥有胆识，有担当，忠愤耿直，宁折不弯。

那么，面对这样一篇《御试策一道》，宋理宗会录取文天祥吗？他如何看待文天祥的忠愤耿直和宁折不弯？

喜中状元

在考棚里，文天祥奋笔疾书，胸中似有无限的浩然之气，也仿佛真有神助。他又重新看了一遍试卷，改动了几个字，觉得可以交卷了，便收拾好文房四宝，起身离开了。

文天祥能高中，要感谢与他志趣相投的主考官——王应麟。王应麟，淳祐元年（1241）进士，有高才，有见识，与文天祥的见识颇为相同。他说，南宋朝廷有三大病——一是民穷，二是兵弱，三是财匮，而这一切归根结底都是因为士大夫无耻。这些看法与文天祥高度一致。所以当他看到文天祥的试卷时，便毫不犹豫地将文天祥列入前十名。这样一来，就为宋理宗最终发现文天祥铺平了道路。

文天祥的政治主张和意气风发，特别是他敢于直谏的忠心，一方面感动了宋理宗，一方面也唤醒了宋理宗励精图治的雄心，所以，当宋理宗看到文天祥的试卷时，便把文天祥从第七名擢为第一名。当初王应麟要直接将文天祥定为第一名，有人反对，认为文天祥太过胆大，有可能会逆龙鳞。今天看到皇帝亲自把文天祥的卷子调为第一名，王应麟喜不自胜，马上奏贺："是卷古谊若龟鉴，忠肝如铁石，臣敢为得人贺！"

五月二十四日，皇帝临轩唱名的日子到来了。只见宋理宗头戴通天冠，身穿纱龙袍，登上玉墀，宰执便宣布唱名开始。当宋理宗听到他亲擢的考生名叫文天祥时，不由得看了一眼，看到卷子上考生的姓名，感到颇为吉利，心下暗喜，脱口而出："此天之祥，乃宋之瑞也！"皇帝金口一开，以后人们就都称呼文天祥为宋瑞，宋瑞这个名字从此就叫开了。

按照礼制，文天祥中状元后要游街，这是无比的荣耀。新科进士们皆身穿绿袍，披戴红花，骑在高头大马上,在侍从的簇拥下,由皇城的东华门出,经过繁华的商业街,前往状元局,接受人们的祝贺。

文天祥披戴大红花,走在队伍的最前列,接受人们的祝福。后来,他写过一首《集英殿赐进士及第恭谢诗》向理宗皇帝谢恩:

> 于皇天子自乘龙,三十三年此道中。
> 悠远直参天地化,升平奚羡帝王功。
> 但坚圣志持常久,须使生民见泰通。
> 第一胪传新渥重,报恩唯有厉清忠。

就是在这首谢恩诗中,文天祥仍然不忘劝谏,仍然要表达自己的报国之志。好一个忠义之士文天祥!

第四章
扶柩归乡

父亲文仪客死京都

文天祥在状元局一面参加游街庆典，一面心系父亲，惦记父亲的病情。同伴中有人注意到新科状元有些异样，遂过来正要询问，只见一人突然飞奔而至，拉住文天祥，低声说了几句话，文天祥顿时脸色大变！

文天祥急速地赶回客馆，只见父亲昏睡在床上，已经不省人事。文天祥轻轻地走过去，拉住父亲的手，轻轻地抚摸。他理了理父亲的头发，让弟弟文璧拿来一条冷布巾轻轻地揩拭着父亲的脸颊。父亲的呼吸一会儿缓慢，一会儿急促，牙关紧咬，已经完全不能进食，只有脉搏在微弱地跳动。文天祥心如刀割，欲哭而不敢放声。弟弟文璧把他拉到一边，跟他说："父亲已经知道你考中状元了，一拨又一拨的人来客馆报喜，父亲很高兴，中午他还要了一小杯酒，跟我庆祝了一下。"文天祥听后，热泪盈眶，泣不成声。

文天祥一直用冷布巾给父亲降温退烧，可是父亲仍然高烧不退，依旧处于昏睡状态。兄弟俩边护理父亲边聊天。二人说起小时候父亲教导他们读书，给他们讲故事，父亲的道德文章在家乡早已广为传播。文天祥想起自己18岁县试时写的文章《中道狂狷，乡愿如何》，并且考了个第一名。文天祥对弟弟说："我感觉父亲的耿直性格和忠直品格已经深深融入我的血液里了。"文璧点点头，看看哥哥，想起在玉山县碰到的那个和尚，觉得哥哥与父亲简直就像一个人。如果父亲去世，哥哥会有怎样的政治前途和命运呢？等待他的又会是什么样的遭遇呢？文璧不禁为哥哥捏了一把汗。

一夜无眠。

第二天，文天祥即向朝廷告假，请求允许他专心在客馆照料父亲，朝廷准假。于是文天祥谢绝了一切庆典活动，对上客馆来道喜的一切人等也都有礼有节地给予婉谢。但宾客仍然是络绎不绝,有的是想来看看新科状元,有的是想来沾沾喜气、沾沾才气,有的是好奇,想一睹文天祥的堂堂仪表,因为坊间都传遍了,说文天祥不光写得一手好文章,品格超凡,而且相貌出众,一表人才。至于皇帝说的那一句夸赞文天祥的话——"此天之祥,乃宋之瑞也",更是街谈巷议,家喻户晓,人们都希望新科状元能够为宋朝带来好运,带来吉兆。

文天祥与文璧日夜守在父亲身边,只希望父亲能逢凶化吉,转危为安。转眼到了五月二十八日,天刚蒙蒙亮,父亲突然睁开了眼睛,并且能说话了,整个人也好像有些力气了。兄弟俩非常高兴,连忙扶起父亲,让他半靠在床上。文璧赶紧去给父亲熬粥,他知道父亲这时候最想吃的就是稀粥了;文天祥陪着父亲说话,自他考中状元后,这还是他第一次与父亲说话呢!

父亲对文天祥说:"朝廷策士,擢汝为状头,天下人物可尽知也。我死,汝惟尽心报国家。"文天祥连连点头。

父亲又看着文璧说:"度吾不能起此疾,汝兄弟勉之。"兄弟俩早已忍不住哭成一团,齐声对父亲说:"不会的,不会的,父亲,您这不是好一些了吗?"父亲摇摇头,似乎知道自己大限将至,心平气和地对两个儿子说:"汝等不懂得,我这是回光返照。"兄弟俩跪倒在父亲床前,恸哭不止。

当天夜里,文仪依依不舍地走了,他丢下了两个杰出的儿子,撇下了文家一大家子,终年48岁。自此,文家的重担就落在了文天祥的肩上。这一年文天祥21岁。

扶柩归故里

按照当时的礼制,为祝贺新科状元和新科进士,朝廷还要安排一系列的庆祝活动,如去国子监参拜至圣先师孔子;去礼部贡院出席皇帝亲自参加的闻喜宴,也称鹿鸣宴;立碑题名,将这些新科进士的名字都刻上去,为全体新科进士举行团拜会……这样的庆祝活动要持续一个月,而文天祥都无法参加了。他将父亲去世的消息报告了朝廷,按照宋朝礼制,文天祥要扶柩归乡,并要为父亲守孝三年。

在六月二十九日的闻喜宴上,宋理宗皇帝赐予新科进士一首诗,是以文天祥的名义写的,这就是《赐状元文天祥已下诗》:

道久于心化未成，乐闻尔士对延英。
诚惟不息斯文著，治岂多端在力行。
华国以文由造理，事君务实勿沽名。
得贤功用真无敌，能为皇家立太平。

这真是巨大的恩典，古来考中状元者，几人能有这样的荣光？皇帝亲自写诗予以嘉奖。这首诗不仅对文天祥的策对做了回应，而且对文天祥的才华和忠贞给予了充分的肯定，当然也寄希望于这位新科状元，希望他能够务实求进，发挥才能，为国家效力，不负皇恩。

文天祥沉浸在父亲离世的悲痛之中，常常于噩梦之中惊醒，且梦里常常被责怪，责其不忠不孝。这也是他常常自责的原因。因为要参加考试，他似乎没有尽到全孝，没有尽心尽力服侍父亲；又为了尽孝，他不能参加庆典活动，似乎又不是全忠。后来，文天祥把这些梦境做了一个记录。有一天，自己忽然被皇帝召唤，皇帝责问他："你没有尽到全孝。"他说："我已经尽到全孝了啊。"皇帝说："你说你尽到全孝，我赐给你几文钱，你出门去看一看。"文天祥吓得拿着几文钱逃出门去，刚一出门，就被突如其来的一个晴天霹雳打蒙了。文天祥大为震动，连声说：

"刚才皇帝责问我不孝,刚刚免掉处罚,现在又被雷击,看来我真是个不孝之人啊!"醒来后,文天祥陷入深深的自责之中。由此我们可以看出,文天祥对自己的道德要求是多么高。

新科状元的父亲突然去世,对朝廷来说也是一件大事,朝廷一方面安排人力、物力为文天祥扶柩归乡做准备,一方面为文天祥送钱送粮,安顿兄弟俩在京城的生活,也安排他们归乡路上的盘缠费用。一些同乡官吏和新科进士还送来一些礼金,都被文天祥一一回绝了。一来他们出门时带够了盘缠,二来朝廷已经做了安排,他们也不需要。兄弟俩决定六月初一送父亲的灵柩回家。

六月初一天刚亮,文天祥就起床了,为回家做准备。这时候,送行的朝廷官员也来了,他们一一与文天祥兄弟俩告别。兄弟俩护卫着父亲的棺木踏上了返回庐陵的路。

兄弟再赴京城应试

按照宋朝礼制,父亲故去要守三年孝,但实际上守满25个月就可以解除丧服。宝祐六年(1258)八月,文天祥服丧期满,朝廷解除了他的丧服。有人劝他给朝廷写信谋求职位,他拒绝了。有人劝他向吉州知州求官,他也拒绝了。他说,何必要汲汲于请托呢?实际上他是对朝廷奸臣当道不满,不愿意与这些人为伍。当时,在朝廷里当权的是董宋臣和丁大全,这两个人一个是内侍宦官,一个是靠着巴结董宋臣爬上了参知政事右丞相兼枢密使的位置,都是大权在握的人物,又深得理宗皇帝宠爱,红得发紫。这两个人在朝中颐指气使,横行霸道,不可一世。他们最善于阿谀奉承,讨好理宗皇帝,不惜重金为理宗皇帝修建芙蓉阁、兰香亭,又在全国招揽美女选送进宫中供理宗皇帝玩乐。这样的朝廷氛围,文天祥怎么会愿意进京为官呢?他巴不得远远地离开他们才好。

宝祐六年(1258)九月,文天祥与弟弟启程,准备再次进京赶考。他们从家乡庐陵出发,从赣江乘船经鄱阳湖,出湖口入长江,再经真州(今江苏仪征)和京口(今江苏镇江),前往都城临安。开庆元年(1259)正月,他们到达京城。因为文璧上次参加会试已经取得资格,所以这一次文璧可以直接参加殿试了。经过认真准备,文璧考得很顺利,不出所料地考中进士。兄弟俩同时被授予官职,弟弟文璧被授予迪功郎、临安府司户参军,文天祥被授予承信郎、签书宁海军节度判官公事,他们在京城住了近5个月。

说起来,这两兄弟颇有点像苏轼、苏辙两兄弟,不仅有才华,有品格,而且都是有情有义之人,都是顶天立地的男子汉。他们情谊深厚,互相照顾,下棋谈诗,饮酒纵歌,论时弊,谈国运,以天下为己任。在这几个月里,文璧认真考试,文天祥则广交天下好友,把守孝这三年的国家形势了解得清清楚楚,也把自己这三年的一些思考与一些同好做了深入的交流。这几个月,也是文天祥为出任官职、报效朝廷做准备的前奏。

数年后,文璧在一首诗中,清楚地记录了兄弟间的情谊和在京城的情况:

> 夏中与仲秋,兄弟客京华。
>
> 椒柏同欢贺,莲蓬可叹嗟。

文天祥陪同弟弟文璧再次赴京赶考的时候,蒙古大军再次向南宋朝廷发起了全面进攻,国家形势再次危急起来。

第五章
初涉仕途

蒙古铁骑南下

开庆元年(1259),文天祥陪同弟弟文璧取道长江赴临安应试。

在这前一年,宝祐六年(1258),蒙古大军已兵分三路向南宋朝廷发动了全面进攻。一路由蒙哥大汗亲自率领,进攻四川,一路由宗王塔察儿率领,进攻京湖(今湖北湖南一带),一路由兀良合台率领自云南从广西北上,分别从西、中、南三路对南宋实行包抄。蒙古人的计划是以主力夺取四川,控制长江上游,然后与另两路兵马在京湖会合,构成对临安的正面威压。

就在文天祥走水道赴临安的路上,蒙军中路大军临阵换帅,新任统帅就是忽必烈。忽必烈接替宗王塔察儿，率蒙军从黄州（今湖北黄冈）过长江，对军事重镇鄂州（今湖北武昌）发起猛攻。鄂州如果失陷，长江中下游的门户就彻底洞开，由此，蒙古军便可沿着鄂州顺江而下，直逼南宋都城临安。蒙哥大汗率领的西路军马进攻四川，一路所向披靡，攻城夺寨，势如破竹。苦竹隘、长宁山城、青居山城接连失陷，龙州、阆州、运山城、大良山城的南宋军队被吓破了胆，主动投降……南宋的形势再一次面临巨大的危机！

文天祥准备从湖口入长江东往。湖口离庐山不远，一面临江，一面临湖，口岸边是闻名中外的石钟山，景色十分奇丽。但文天祥无心欣赏美景，国家岌岌可危的形势沉重地压在他的心头，他似乎听到了鄂州传来的蒙古军的铁蹄声。庐山远影，江水苍茫，衰草连岸，村落荒凉，远来的大雁不时发出哀鸣，文天祥的心情十分沉重。他提笔写了一首诗：

> 长江几千里，万折必归东。
> 南浦惊新雁，庐山隔晚风。
> 人行荒树外，秋在断芜中。

何日洗兵马？车书四海同。

诗歌情绪沉郁，景物苍凉。文天祥身在湖口，心系鄂州，他担忧鄂州的安危。鄂州一旦失守，长江这一道天然屏障将不复存在，而南宋必然面临大乱……

鄂州被围攻的消息终于传到了临安。刚开始，把持朝政的丁大全试图隐瞒军情，蒙骗理宗。任皇帝侍读的吴潜忍无可忍，将实情禀报给了理宗。吴潜说："今鄂渚被兵，湖南扰动，推原祸根，良由近年奸臣士设为虚议，迷国误军，其祸一二年愈酷。"吴潜不仅把鄂州被围攻的消息报告给了皇帝，也对朝廷奸臣当道、误国误民的混乱提出了尖锐的批评。

理宗还没有下决心。

理宗宠妃的兄弟、枢密使贾似道想把丁大全搞下去，自己取而代之，于是也把鄂州的军情报给了理宗。理宗龙颜大怒，罢免了丁大全，并下"罪己诏"检讨自己的过失，笼络人心。同时，他任命贾似道为右丞相兼枢密使，督师援鄂州，任命吴潜为左丞相兼枢密使。吴潜是宋宁宗嘉定十年（1217）的状元，曾任理宗朝右丞相兼枢密使，未及一年就被罢相了。

听说吴潜被重新起用，文天祥十分高兴。前文的那首诗就是写给吴潜的，原题为"题黄冈寺次吴履斋韵"，是一首和诗。两人素有交情，文天祥曾请吴潜为其父撰写墓志铭。吴潜执政时，曾提出"一格君心，二节奉给，三赈恤都民，四用老成廉洁之人，五用良将以御外患，六革吏弊以新治道"。在文天祥看来，这与自己的政治主张十分吻合。吴潜爱国爱民，正义直道，文天祥也敬仰其为人。文天祥视吴潜为自己的忘年交。此时，他刚好到达京城，马上写信向吴潜表示祝贺，他说："以进士为名臣，两朝倚重；以儒宗为宰相，四海俱瞻。天启圣衷，国有生气。"因为吴潜在宁宗和理宗两朝为官，所以说"两朝倚重"，因为吴潜也是以理学为治国之思想，所以说"以儒宗为宰相"，既高度肯定了吴潜在朝野的地位，也欣喜地指出，起用吴潜于国于民都是大好事，是"国有生气"的表现。

文天祥还说："今言路之不通，最为天下之大弊。缙绅以开口为讳事，城阙以游谈为危机。如人一家，情暌离而众侮起；如人四体，气壅底而百病生。多故之由，一类诸此。……尽解群疑众难之会，克有荣名成功之休，其惟我公，望在今日。"不仅明确地指出了朝廷混乱的主要原因是"言路不通"，没有人愿意为朝廷说实话，说真话。而这种言路堵塞，危害巨大，如果是一个家庭，就会人心离乱，如果是一个人，就会百病丛生。最后，文天祥对吴潜寄予了无限的希望，一片尊公爱国之忱溢于言表。

按照宋朝规定，文天祥中状元后要行门谢礼，以表达对朝廷的谢恩，但当时文天祥的父亲去世，这个过程就免了。这次进京城，文天祥正好可以补办一下这个程序，于是向皇帝上了《门谢表》。在表中，文天祥说："自揆读书，非为平生温饱之计；愿言竭节，用副上心忠孝之期。"清楚地表明，自己读书求学，不是为名为利，而是要为朝廷效力的。自此，文天祥开始步入政坛，参与宋朝的政治活动，并日益显露出自己的鲜明性格和政治才华。

上书纵论国事

鄂州被困，朝野震动。皇帝身边的红人、宦官董宋臣早已被吓破了胆，于是极力怂恿理宗皇帝迁都四明（今浙江宁波）。因为当年宋高宗被金兀术追杀时，就是从四明下海的。四明一面连接陆地，一面临海，万一蒙军迫近，可以乘船从海上逃生。迁都之声引起朝廷忠义之士的一片反对，文天祥因为还没有就任官职，所以还不能用职衔向皇帝上书，于是他以"敕赐进士及第"的身份向皇帝上书，表明对这一事件的关切。这就是写于开庆元年（1259）十一月的著名的万言书《己未上皇帝书》。

在这篇奏章中，文天祥直接表明观点——不能迁都。他说"六师一动，变生无方""京师为血为肉者，今已不可胜计矣"。京城里居住这么多人，一旦迁都，直接后果是生灵涂炭，血流成河。文天祥为千万老百姓捏一把汗，为朝廷捏一把汗，所以他反对迁都。

文天祥还明确地说，要除掉董宋臣，以挽回人心。他说董宋臣扰乱君心，祸国殃民，是一个十足的小人。文天祥说："小人误国之心，可诛胜哉？臣愚以为今日之事急矣！"那么，这个小人到底是谁呢？文天祥直接点名要杀掉董宋臣，他说："不斩董宋臣以谢宗庙神灵，以解中外怨怒，以明陛下悔悟之实，则中书之政必有所挠而不得行，贤者之车必有所忌而不敢至！"看看，不杀董宋臣危害多么大，其决心何其坚定，其态度何其鲜明！

在这篇奏折中，文天祥还为积极抗击蒙军提出了四点主张：

第一，"简文法以立事"。就是要减少朝廷里的繁文缛节，提高办事效率。文天祥建议，可以采用"战时体制"，用"马上治"。因此，他建议理宗皇帝在宫中选一处地方，作为临时战事办公处，一旦有急事马上就可以和两府大臣商议军国大事。

第二，"仿方镇以建守"。这是增加地方军事力量的措施。宋朝建立之初，为了避免唐末五代藩镇割据之祸，于是削弱地方的兵权、财权和人事大权，使地方行政长官构不成对朝廷的威胁，这的确解决了地方政权尾大不掉的被动局面，非常有利于中央管理。但时间一长，地方行政力量薄弱，特别是军事力量薄弱，因此文天祥建议，加强地方军事建设，并选派懂兵法而道德高尚的人去担任地方领导，这样做，对于对抗蒙军是有利的。

第三，"就团结以抽兵"。这是解决兵力不足的举措。文天祥指出，二十户抽一兵，一个州以二十万户计算，一个州就能聚集一万精兵。而一个镇一般管理两三个州，就有两三万精兵，东南各路都建立地方政权，就能有十万精兵。如果再"教习以致其精，鼓舞以出其锐"，就不怕做不到兵强马壮了。要知道，宋太祖南征北战时，才二十万兵力呢！

第四，"破资格以用人"。这是解决人才匮乏的问题。文天祥主张要破除看资格用人的陋习，实行战时用人的新机制，"进英豪于资格之外"，只要是"豪武特达"，就可以破格选拔任用。文天祥明确反对朝廷里用人唯亲、用人专重资格的做法，他说"有才者以无资而不得迁，不肖者以不碍资格法而至于大用"，所以朝廷才会人才匮乏。现在是战时，怎么能够这样死板用人呢？

文天祥对当时战争的形势，对南宋朝廷的兵力部署，对敌我双方的优劣形势了如指掌，他说："方今国势危疑，人心杌陧。陛下为中国王，则当守中国；为百姓父母，则当卫百姓。且夫三江五湖之险，尚无恙也；六军百将之雄，非小弱也。陛下卧薪以励其勤，斫案以奋其勇，天意悔祸，人心敌忾，寇逆死且在旦夕。"

文天祥说得很有道理。所谓"三江五湖之

险",是说蒙古军跟南宋军队之战历时已久,但并未灭掉南宋,虽然蒙古军也占领了一些地方,但东南半壁江山仍在南宋手里,要灭掉南宋也并非那么容易。另外,中国西南和南部,崇山峻岭,河湖罗布,水域纵横,不利于骑兵作战,所以蒙古军作战伤亡也很大。再加上当时南宋军队中有许多善于带兵打仗的猛将,他们多次打败蒙古军,令蒙古军也是有所忌惮的。如嘉熙元年(1237),蒙古军进攻黄州,黄州守将孟珙大败蒙古军,第二年,孟珙又接连打了几个大胜仗,收复了信阳、樊城、襄阳、光化等军事要地,使得荆襄形势为之一变。四川合州(今四川合川)钓鱼城大捷更能说明问题,蒙古军不仅数月强攻不下,而且蒙哥大汗还被打成重伤,回军营后不久便死了。在文天祥看来,打胜仗、收复失地,是完全有可能的,只要广开言路,上下一心,同仇敌忾,完全有可能反败为胜。

文天祥分析得很有道理,只可惜朝廷不听他的。

屡次辞官不就

文天祥冒死进上万言书,苦等消息,但朝廷

却风平浪静。吴潜听了文天祥上奏折的事，也只是苦笑、摇头和叹息。宋理宗既没有答应董宋臣迁都，也没有听进文天祥的建议，一切都"按部就班"。其实文天祥并不知道，吴潜此时正满怀愤懑，当皇帝问他迁都的意见时，考虑到南宋朝廷的安危，也为了保护宋理宗，吴潜同意迁都，但表示自己要死守临安御敌。这引起了宋理宗的猜忌，他怒斥吴潜说："你是想做第二个张邦昌吧？"张邦昌是靖康年间的少宰（宫中掌管政令的副职，正职是太宰），汴京陷落时投降了金兵，做了伪楚帝，是人人唾骂的大汉奸。理宗皇帝把吴潜想象成张邦昌，可见他是多么不信任吴潜。

既然在朝廷找不到信任，文天祥决定回家乡读书去。他明白了，所谓"宁海军节度判官厅公事""第名前列者不十年而至公辅"，原来都是闲职，是没有作为的。与其在黑暗的官场毫无作为，还不如回家乡去读书。文天祥决意回家了。孔子不也说"危邦不入，乱邦不居。天下有道则见，无道则隐"吗？开庆元年（1259）十一月，文天祥回到了家乡。

不久，朝廷得到消息，鄂州解围，顿时朝野欢腾。宋理宗更是兴奋不已，下诏改下一年为景定元年。殊不知，这是贾似道玩儿的一个瞒天过海的把戏。

此后，皇帝任命文天祥为镇南军（今江西南昌县）节度判官厅公事，文天祥不肯就任，请求同禄。朝廷又改任其为建昌军（今江西南城）仙都观主管。景定二年（1261），朝廷调文天祥入朝，任秘书省正字，文天祥乞求奏免，不肯上任。朝廷不允，再下诏，文天祥再辞，朝廷仍不允。无奈，文天祥只得赴京。

文天祥为什么再三辞官不就呢？是嫌这些职务太低了吗？既是，也不完全是。秘书省正字，从八品，主要工作是点校典籍，考正误，辨错讹。这当然不是文天祥的理想，所以他要坚辞。因此文天祥请求同禄，这就不是嫌官职低的问题，而是他不愿意与那些志不同道不合的人一起为官，所以就干脆请求做祠官食俸禄，不干政事，专心读书。可以想见，文天祥心中是多么憋屈、苦闷和绝望——宁可选择赋闲读书以效先贤，也不愿意入朝为官。

但是朝廷接二连三地向他发出诏书，催促他入朝为官。朝廷没有放弃这个新科状元，也想借此树立一个榜样，挽回一点人心。特别是贾似道，更是急于拉拢文天祥，培植自己的政治势力。

理宗皇帝的诏令说："初以远士奉董生之对，继以卑官上梅福之书。天下诵其言，高其风，知尔素志不在温饱矣。麟台之召，何来之迟？"一方面催促之急，一方面肯定之殷，表示朝廷还是爱惜文天祥的才能。文天祥给贾似道写了一封信《上丞相》，信中说："用人者非私于其人，为人用者非私于其用。近臣之得所为主，皆所以事天也。"明确表明我即便被你任用、选拔，也绝不是因为私情，你任用我，我答应你，都是出于公心，我不会成为你的政治附庸的。政治态度何其鲜明！还说："公而忘私，国而忘家，某之补报知遇，将有日也。"可见文天祥有礼有节，不卑不亢，正直无私。

当然也有高兴的事。一是文天祥在做京官的时候，弟弟文璧也正在京城任职，兄弟俩经常诗酒唱和，其乐融融。不久文璧要离开京城去任地方官。两个月的京城生活，让文天祥有些依依不舍。文天祥写了一首诗送给弟弟赴任，这就是《别弟赴新昌》：

> 十载从游久，诸公讲切精。
> 天渊分理欲，内外一知行。

立政须规范，修身是法程。
对床小疏隔，恋恋兄弟情。

还有一件让文天祥高兴的事，就是与自己的恩师意外相见。

发现恩师王国望

景定三年（1262）五月，三年一次的殿试又开始了，文天祥被任命为殿试复考官。复考官就是对初选的试卷做进一步的审读，以便发现人才，也避免遗漏人才。文天祥很喜欢这项工作，干得很认真。他把初考官送过来的试卷一一复读，将每一张试卷的观点、论述和文采，都一一记在心上。突然，他读到一张试卷，心情激动不已。这张试卷立论刚正，论辩充满力量，全文一气呵成，文思泉涌，情感沛然，尤其是贯穿在字里行间的忧国忧民之痛、之思，深深地打动了文天祥，他禁不住叫了起来："好文章！"又细细地审读时，他发现文章里有一处文字触犯了皇帝的字讳。这下，文天祥惊出了冷汗。按照宋朝的规定，触犯皇帝的字讳，不仅不能被录取，而且还有可能被治罪。怎么办？文天祥把试卷递给另外几名复考官阅读，大家一致认为这篇文章写得有胆有识，此人值得被录取。几个人一商量，决定一同去为该考生争取，以不使国家遗失栋梁之材。这样做可是要冒风险的，弄不好，不光该考生录取不了，复考官也要受到牵连。文天祥坚持自己的决定，果断上报，请求从宽处理。结果在御定录取进士甲第时，赐予该考生进士出身。文天祥悬着的心终于落了地，也暗自庆幸该考生之幸运。

更让文天祥喜出望外的是，当揭去卷头的封条露出考生姓名时，他才知道这名考生竟然是自己少年时的恩师王国望。文天祥激动得热泪盈眶！如果自己不冒风险去争取，不光是要错失一位人才，也会错失了自己与恩师相见的机缘啊！由此，文天祥意识到，对任何一件事都要认真对待，切不可马虎，只有这样，才能做到问心无愧，才能做好每一件事。

这一年的同榜进士还有邓光荐，也曾就学于白鹭洲书院，少年聪慧，负有诗名，后来与文天祥成为并肩战斗的好兄弟。

文天祥担任复考官时，发现童子科的设置有问题。原来国子监从这一年参加应试的童子中选出10名参加中书考试，接着参加太常寺的考试，考中者即可授予下科进士；没有考中者还可以再考，考中后即可待诏做官。文天祥认为，这些童子只有十四五岁，能做什么事情？而且这么小的年龄就享受如此特权，给予这么优厚的待遇，对这些童子的人生成长是极为不利的。礼部侍郎李伯玉十分赞成文天祥的观点，他说："人才贵于养，养不贵速成，请罢童子科，息奔竞，以保幼稚良心。"后来朝廷采纳了他们的建议，取消了这个定制。

冒死乞斩董宋臣

景定四年（1263），宋理宗召回了曾被赶出京城的董宋臣，任命其为内侍省押班——继续为宋理宗的吃喝玩乐负责。

文天祥怒不可遏，再次冒死上书进谏，弹劾董宋臣。这一年是农历癸亥年，所以文天祥的这一篇上书就叫作《癸亥上皇帝书》。文天祥首先表态，绝不与董宋臣这样祸国殃民的奸臣同朝为官，他引用圣贤之言，希望宋理宗能接受汉唐宦官之祸的教训，收回成命。他说，董宋臣"心性残忍，群不肖所宗。窃恐复用之后，势焰肆张，植根既深，传种益广，末流之祸，莫知所届"。

言辞何其犀利,所言何其忠心!文天祥完全是站在国家民族的立场上,所以他才能不顾个人安危。

文天祥说:"蚍蜉撼木,自速齑粉,可谓愚甚。"对此,他早已做好了心理准备。他说:"世道升降之大几,国家利害之大故,奈何坐而视之,嗫不发一语,上负天子,下负所学,贻无穷羞。此臣所以不敢强颜以留,亦不敢诡辞以去,忘其婴鳞不测之危,以冀陛下万一听而信之。臣言得行,宗社之利也,臣之荣也。如臣之积忱,未足以仰动天听,坐受斧钺,九陨无悔!"忠肝义胆,敢作敢为,一身正气,是非分明,以天下为己任,以江山社稷为重,这就是初涉政坛的文天祥。这种性格特点后来贯穿其一生。

宋理宗当然不予理会。

文天祥准备再一次离开京城,可是贾似道拉住了他。原来,左丞相吴潜因为反对宋理宗立胞弟的儿子为太子,深为理宗所记恨。趁这个机会,贾似道邀约别的大臣一起上书弹劾。宋理宗罢免了吴潜的丞相之职,贬他到循州(今广东龙川)任职。为了防止吴潜东山再起,贾似道暗中派人跟踪,准备加害吴潜。吴潜早有预感,他对身边的人说:"吾将逝也,夜必雷风大作。"那一夜电闪雷鸣,风雨大作,吴潜被暗杀了。

吴潜之死,令文天祥痛苦至极、悲愤难抑,写下了《挽湖守吴西林》:

> 倾盖岁年晚,相知江海深。
> 春天思北树,夜雨话西林。
> 五岭生前梦,中原地下心。
> 英雄凋落尽,慷慨一沾襟。

诗歌中既追述了他们的相交相往,也对忠臣的悲惨遭遇寄予了无限的同情。江万里被排挤出局了,现在吴潜被暗害,就连与吴潜的意见相同者也相继被赶出了朝廷,这样的朝廷又怎么能待得下去呢?但已官至少师、卫国公的贾似道不愿意放过文天祥。一方面,在争取权力斗争时他需要文天祥这样敢说敢为的人帮他出头露面;另一方面,他可以利用文天祥笼络人心,文天祥毕竟是当朝的新科状元啊!

第六章
知行州府

重修碧落堂

景定四年（1263），文天祥被任命为瑞州（今江西高安）知州。

宋朝时瑞州辖高安、新昌和上高三县。这里不仅有名胜古迹，有前人留下的诗词，而且风景秀丽、民风淳朴。由于曾有一支蒙古军队陷落瑞州城，肆意掳掠，损毁城垣而去，致使瑞州城日益颓败，不仅满目疮痍、一片狼藉，而且世风日下。史书上记载："瑞之文物，煨烬十九。"可见毁坏之严重。

文天祥到任后的第一天就碰到了许多怪事。进得城来，但见州府官员鸣锣开道，鞭炮齐鸣。文天祥问："现在一不过年，二不过节，为什么要放鞭炮？"州府官员说："这是为了迎接文大人。"文天祥说："我上任不用这样迎接，再说现在瑞州城正处在百废待兴的时候，如此铺张浪费，实不可取。"州府官员说："迎接新官上任要热闹三天，这是规矩。"文天祥说："自我上任，这规矩就可以废弃了。"他走入城中，看见一个白发苍苍的老汉正在自家房屋上揭瓦，问其故。老汉说："我已经三天没米下锅了，为了填饱肚子只得上房揭瓦卖。"可见老百姓的日子过得多么艰难。走近州府衙门，只见州府的门墙上不仅被人写满了咒骂的字句，而且州府发布的文告还被涂上了牛粪。由此可见民众对州府的反抗情绪有多么严重。文天祥在府衙坐下不久，就听许多人反映，瑞州城社会混乱，不法之徒横行霸道，当地驻兵目无法纪，州府官吏敲诈勒索，搞得民不聊生、人心惶惶。

　　面对乱局，怎么治理？从何处入手？文天祥认为，当务之急就是要正风气，明法纪，引导老百姓规规矩矩地做人做事。安民心，济民困，为老百姓办实事。

　　第一，开仓济民。因为是乱世，民不聊生，所以首先就要为老百姓谋生活，使老百姓有饭吃。文天祥从赋税中抽取钱款,建立了便民钱粮库,以便在灾荒之年救济民众,同时为民众提供借贷之用。

第二,惩治恶徒。乱世出恶徒,而恶徒横行霸道,必然会扰乱社会秩序,对民众构成伤害和威胁。文天祥张布纲纪,严惩恶徒,抓了一大批劣绅恶霸和地痞流氓,匡正时弊,打击邪恶,起到了纠正社会风气的作用。当时有一个叫刘金魁的恶棍,人称"刘虎",欺行霸市,横行乡里,无恶不作,民众敢怒不敢言。文天祥首先将他绳之以法,震慑了其他恶徒,起到了杀一儆百的作用。

第三,重修祠堂。一个地方的治乱兴衰,可以从园亭看出来,园亭兴,则社会兴,园亭安,则社会安。文天祥深谙此道。他决定重修瑞州城那些倒塌、破败的园亭,以起到正风气、兴民生之作用。

文天祥后来在《纪年表》中说:"郡兵火后,疮痍乍复,予抚以宽惠,镇以廉静。郡兵素骄,取其桀黠置之法。张布纲纪,上下肃然。于交承外,积缗钱万,创'便民库'。"

文天祥决定首先重修碧落堂。碧落堂建于宋朝初年,著名诗人陆游曾为碧落堂题诗,诗云:

"我壮喜学剑,十年客峨岷。毫发恐未尽,屠钓求隐论。"杨万里曾被贬瑞州,碧落堂就是他的故居,在这里,他也留下过墨迹。现在这些先贤的墨迹都已荡然无存。陆游、杨万里都是文天祥心中敬仰的先贤,特别是杨万里,庐陵"三忠一节","一节"指的就是杨万里。当年他去瞻仰庐陵先贤祠的一幕仍深深地刻印在脑中。现在这些古迹被兵燹所毁,文天祥痛心不已。他经过多方筹措,并亲自监督施工,于景定五年(1264)九月初九重阳节这天,碧落堂修葺竣工,文天祥决定举行盛大的仪式,一方面为嘉奖辛劳付出的工匠,一方面也为弘扬民族英雄的正气。

文天祥特意将杨万里的《锦江尺牍》手书复刻于碧落堂的正中柱石上,并著文《碧落堂记》记述此事。文中说:"下俯万山,一水穿城,南北岸万家鳞鳞楼台,皆可指数。诚斋先生杨文节公(杨万里)在郡日,诗为此堂赋者八章,其状烟云吞吐,晴阴变化,真若游汗漫而凌倒镜。"

文天祥还写了一首《题碧落堂》来记述自己的感慨:

> 大厦新成燕雀欢,与君聊此共清闲。
> 地居一郡楼台上,人在半空烟雨间。

> 修复尽还今宇宙,感伤犹记旧江山。
> 近来又报秋风紧,颇觉忧时鬓欲斑。

碧落堂竣工的时候,蒙古军正在襄阳、樊城一带骚扰,所以,文天祥在此诗中,一方面表达了对碧落堂复建一事的喜悦,另一方面又表达了对前线战事的忧虑,即"近来又报秋风紧"。同时,反映了文天祥心系国家安危,殚精竭虑,以致"颇觉忧时鬓欲斑"!

碧落堂竣工以后,文天祥又相继修复了三贤堂、翠微亭、月朗堂、竹庵、绣春亭、松风亭、靖节祠等。这些堂祠的修复,对改善社会风气、凝聚百姓人心起到了积极的作用。

亲登杏坛讲学

改善社会风气,凝聚百姓人心,不能仅仅靠修建园亭来推动,还必须让老百姓从思想深处认识到思想教化的作用,进德修业,休养生息,只有这样社会才能长治久安,"法天地之不息"。所谓"古之为诸侯,先政化而后簿书期会",自己做一日知州便有"一日之责",所以,文天祥决定亲登杏坛讲学,让德政思想深入人心。

他选定在西涧书院讲学。西涧书院原来是

"三刘祠","三刘祠"就是为纪念瑞州先贤刘涣、其子刘恕、其孙刘羲仲而修建的。祖父刘涣刚正不阿,晚年隐居庐山;其子刘恕是史学家,曾协助司马光编修《资治通鉴》;其孙刘羲仲更是饱学之士。苏辙曾称赞刘涣、刘恕"洁廉不挠,冰清而玉刚"。可以看出苏辙对二人评价很高。这也是文天祥十分认同的人生观,所以选择在这里讲学,也寄托了他的一份寓意。

文天祥讲学的中心主题是"忠信进德,修辞立诚",其核心是两个字:"德"和"诚"。文天祥说:"夫所谓德者,忠信而已矣。"德就是忠信,忠信就是德。"天地间只一个诚字,更颠扑不碎。"前者讲德,那是讲目标,后者讲诚,那是讲功夫。也就是说,以诚字为功夫,为路径,去达到忠信,达到德。诚就是"言行一致,表时相应",就是"不欺诈,无矫伪""诚者道之极致",就是《中庸》所谓"诚者天之道也,致诚者人之道也","致诚"就是做功夫,也就是修炼。文天祥还批评了那种伪君子道德,是"心口相反,所言与所行如出二人"。伪君子道德是文天祥坚决要摒弃的。

文天祥的思想深受江万里的影响,而江万里

曾拜朱熹的弟子为老师。但是，文天祥的理学之思重在实用，他要借此解决现实问题。他曾借助一个道士的故事来阐述自己的仁德观。他说，有一个姓邹的道士，医术很高，从不装神弄鬼，常常用自己的炼丹术为人治病，效果不错。文天祥说："这仙人炼丹，是为了自己升天，而道士炼丹，是为了给人治病。这是他们的本质不同。仙人的心胸是狭隘的、自私的，而道士的心胸是宽广的、仁厚的。儒家之所以是儒家，是因为儒家能将自己的生命和广大的生命相联系，推己及人；而异端邪说之所以是异端邪说，是因为他们只想到自己，想不到别人。"文天祥推崇人己相关、体用合一、推己及人的德政观念。他不空谈，注重实践；不迷信，注重实用。他用自己的实际行动践行儒家的德政思想、仁政思想。

体察民间疾苦

文天祥从小就将欧阳修视为心中的政治偶像。参拜庐陵先贤祠的时候，他就对这位文坛大家、政治领袖心仪不已。他能熟练地背诵欧阳修的许多诗文，特别是《醉翁亭记》，对欧阳修的与民同乐思想深为认同。在知瑞州时，他非常注意体察民间疾苦。

有一次，瑞州城西边50里开外的一个村庄有一祠堂落成，邀请文天祥参加。文天祥爽然答应，他正要借这样的机会深入到民众之中。祠堂落成后，文天祥写诗一首《题朱氏垂裕堂》（祠堂名唤垂裕堂）以示祝贺：

> 造物含至理，诗书尚余泽。
> 德乃福之根，寻常为谁植？
> 济济多云仍，绳绳继清白。
> 麟凤玉为姿，芝兰秀方硕。
> 非福安有此，唯善斯乃德。
> 甘棠荫蔽芾，五袴歌洋溢。
> 身虽佐一郡，位不满其德。
> 天将裕斯后，益见光显赫。

在诗中，文天祥明确地说，万事万物都有一个至理在，这个至理就是诗书，就是道德，就是清白的追求。这种思想与朱熹的"万事万物总有一个理在"如出一辙。文天祥还借玉石和芝兰表明了自己高洁的情操，同时也谦虚地说明自己虽然官职不高，道德修为还有待提升，但自己会一直为此去奋斗的。

在这首诗中，文天祥还运用了一个典故，这个典故含蓄地寄托了他的政治追求。"甘棠"，典故出自西周初年的召公。召公，姓姬名奭，周文王的儿子，周武王的弟弟，曾辅助周武王灭掉商朝，是后来燕国的始祖。召公非常勤政、廉洁，传说他经常在田间地头儿办公，地方官员看不下去，就动员老百姓腾出地方来供他办公。召公说："不劳一身，而劳百姓，这肯定不是仁政。我不能这么做。"他依然坚持在田间地头儿办公。他办完公常去一棵树下休息，这棵树就是甘棠树。甘棠树上结的果子非常甘甜，召公经常摘下来解渴、充饥。他与老百姓一同享用树上的果实，一起坐在树下休息、聊天，其乐融融。后来召公离开了，他叮嘱地方官员，不要砍了这棵树，要注意保护，因为老百姓可以在树下休息，还可以摘树上的果子充饥、解渴，地方官员听从了召公的建议。后来，这个故事演变为一个成语，叫"甘棠遗爱"或"甘棠之思"，表示人们对召公勤政爱民的纪念。文天祥运用这一典故，是想表达他也要做一个像召公那样勤政爱民的官员。

　　文天祥果真做得很好。他重修了碧落堂，但

自己并没有住进去，而是在碧落堂旁边建了一个小房子，取名为"野人庐"。"野人"就是贫民、白身，实际上文天祥是表明自己不在乎官员身份，认为自己就是一个普通老百姓。他的确和普通人一样，勤奋做事，勤俭节约，正道直行，廉洁奉公。他还特别注意深入民间，了解老百姓的心声，体察老百姓的疾苦。他曾经写有一组反映贫家少女清贫生活的诗歌，即《贫女吟四首》：

其一
柴门寒自闭，不识赏花心。
春笋翠如玉，为人拈绣针。

其二
竹扇掩红颜，辛苦纫白苎。
人间罗雪香，白苎汗如雨。

其三
西风两鬓松，凉意吹伶俜。
百巧不救贫，误拜织女星。

其四
巧梳手欲冰，小鬟为寒怯。
有时矜肘露，颇与雪争洁。

四首诗既勾勒了贫民女子的高洁容貌,也客观反映了贫苦人家的清寒生活,同时也寄托了诗人无限的同情和关爱。

文天祥在瑞州任职时,其弟文璧任新昌县知县。这样,文天祥就把家人一起接了过来。15岁的弟弟文璋也跟随过来,文天祥亲自延请塾师来教他,后来还向朝廷为文璋申请了将仕郎的官职。对弟弟和家人,文天祥照顾有加,体现出了其作为长子的风范。

在瑞州任职一年,文天祥业绩卓著,人们称赞不绝。有一篇诰词对他知瑞州一年做了总结:"尔藻思清新,词华繁茂,业进素定,非徒托于高名;慷慨敢言,盖已观其初节。擢从郡最,登之郎闱。"文天祥因忠诚踏实,成绩突出,朝廷要委以重任了。

第七章
首度遭贬

平反陈银匠冤案

景定五年(1264)十月,文天祥被朝廷召回,任命为礼部郎官。过了大约一个月,他还没来得及上任,又被改任为江西提刑。这时,南宋朝廷发生了一件大事——宋理宗驾崩了。皇太子赵禥即位,史称宋度宗,宋度宗下诏令改下一年年号为咸淳元年(1265)。历史进入宋度宗时代。

文天祥考虑到在瑞州任上才一年,有些事业刚刚开展,许多工作刚出现良好的态势,这时候走非常不利于瑞州之治,便上书请求辞免。朝廷不允,文天祥便一直拖着。但这时又发生了一件事,朝廷催促文天祥立马赴任。原来庐陵与兴国县交界处有一股匪贼,专门干拦路抢劫的勾当,当地民众纷纷逃难。第二年，也就是咸淳元年（1265）春天，这股盗贼又流窜到太和县王山，直接威胁着江南西路的驻地赣州城（兴国县在赣州城的北部）。盗寇猖狂的气焰，严重影响了老百姓的生活，对地方行政安全也构成了威胁。文天祥坐不住了，他当机立断，在瑞州城交割江西提刑手续后，立刻走马上任，去平定盗寇。

江西提刑是江南西路的提刑官，负责江南西路的刑狱公事，掌管江南西路的诉讼和纠察，所以平定盗寇，是文天祥义不容辞的职责。文天祥上任之后，调兵遣将，周密部署，下令在太和县王山会兵，这一仗打得很漂亮，很快就平定了盗寇祸患。

平定盗寇后，文天祥视察临江城（今江西省清江县），碰到一桩冤案，这就是屈打成招的陈银匠案。这天，文天祥走在街上，迎面碰到一个老妇人跪在路中央喊冤，只听见她哭喊着："老天为我做主啊，我儿死得冤枉啊……"当众人告诉她迎面走来的这位官员就是清正廉洁的文天祥时，老妇人哭得更厉害了。文天祥说："老人家，您有什么冤屈就如实跟我讲，只要情况属实，确实是冤案，我一定还你一个公道。"老妇人跟文天祥讲述了这一桩案件的前前后后……

留取丹心照汗青——文天祥传

原来老妇人年轻守寡，拉扯着一个儿子长大，并且让儿子学会了银匠的手艺，母子俩相依为命，日子过得倒也安生。这一天，儿子陈银匠又上街去找活计，到黄昏时，还没着落，身子也疲乏了，就靠在街边歇息。这时街对面有一个杨老汉，正在兜售米糕，看到生性老实的陈银匠坐在街边，就招呼他说："陈银匠，过来吃一块米糕吧。"陈银匠心想这个杨老汉平时总爱欺负人，又爱占点小便宜，就打了个招呼，没有过去。两个人倒也相安无事。不久，街上又走来两个人，陈银匠一看行头，就知道是府衙押解交子和会子的公差。宋朝时，府衙办公常常要用到银子，如果让公差背负着大量银子来回奔波，一是银子和公差不安全，二是容易滋生公差的贪腐心理，所以，府衙办公就用一种纸币来代替，类似于现在的支票，这就是交子和会子。陈银匠心直口快，看到两个公差，就对杨老汉说："你说这两个人是干什么的？"杨老汉明明知道，却装作不懂，摇摇头说："我哪知道。"陈银匠又说："你看这两个公差背上口袋里装的是什么？"杨老汉心想：这可是关系到身家性命的东西，岂可乱说？于是又摇摇头说："这个我就更不懂了。"陈银匠是个老实人,就说:"这个我知道,这是府衙的交子和会子。"过了一会儿又自言自语地说:"我要是有了这一口袋交子和会子,我就能娶上媳妇,也就不用这样辛苦地走街串巷了。"本来两个人这样对话也属平常,没有什么,可是偏偏第二天那两个公差就被人害死在山里,口袋里的交子和会子被抢劫一空。

县衙为破案,鼓励人们提供线索,还贴出布告说:"提供线索属实,赏银百两。"杨老汉看到布告,有点动心,但又一想,我也不知道这两个公差到底是不是陈银匠害死的,如此告密有点不地道。他又看了看布告,终于还是被布告上"赏银百两"打动了,就向县衙告密了。县衙抓了陈银匠,一顿棍棒伺候,陈银匠受不了毒打,屈打成招了。

文天祥听了老妇人的哭诉,安慰她说:"我听了您的哭诉,基本上可以判断您儿子是被冤枉的。但破案要讲证据,容我调查此案后,再还您儿子的清白。"

老妇人听罢止住哭声,回家去了。可是文天祥却陷入了破案僵局,案子一时没有线索,该如何破?身边人提醒文天祥说:"这个案子已经结案了,大人如果要去调查，一定会得罪很多人。其实大人完全可以不管的。"文天祥怒不可遏地说："这是人命关天的大事情，我作为江西提刑岂能坐视不管?!我大宋之所以冤案不断，正是由于有些人草菅人命造成的，这桩案子我管定了!"

过了两天，有人提供新线索，说看到陈银匠的坟上好像总有人去烧纸钱祭奠，但不知道是谁。文天祥就派人蹲守了几天，果然发现一个年轻人偷偷摸摸地去上坟烧纸钱，慌慌张张地烧完后马上就走了。文天祥断定此人就是凶手，虽出于何种原因还不十分明了，但肯定与陈银匠之死有关。于是文天祥命人抓来年轻人，一审问，这人立即就招了。原来他是住在府衙后面的一纨绔子弟，平时吃喝嫖赌，样样俱全，那几日手头上有点紧，老爹又不肯给钱，刚好看到公差天黑走到山里，就起了歹心，杀害了他们。

真相大白了，陈银匠果然是被屈打成招的。文天祥决定在县衙重审此案，一是还案子以真相，还老妇人以公道，责罚制造冤案的官员;二是通过重审此案告诫县衙，人命关天的大事情一定要从严调查，谨慎处理;三是通过布告此案告知老百姓，无论是什么样的案子，即便已经屈打成招，但只要有冤情、有线索，总有一天会真相大白，提醒人们要相信刑法公道，要相信公道自在人心。

不巧的是，此案平反后，文天祥却被罢了官职。

横遭小人弹劾

咸淳元年（1265）四月，文天祥巡视工作，来到吉州太和县，正逢他的祖母梁太夫人去世。梁太夫人是文天祥的祖父文时习的妻子，是文天祥的父亲文仪的生身母亲。文仪出生一年多以后，就过继给了叔父文时用，因此文天祥改称梁太夫人为伯祖母。梁太夫人生下第三个儿子文信后，丈夫文时习去世，梁太夫人又改嫁到刘家。梁太夫人在刘家又生了二男一女。梁太夫人去世，按照宋朝礼制，文天祥立即向朝廷申请解除官职，承心制，去为梁太夫人办理丧事。所谓"承心制"，就是只在心里服丧，不穿孝服，所谓服心丧是也。这样做本来完全符合宋朝礼制，因为梁太夫人改嫁后，文天祥就不能以嫡孙的身份服丧，只能以侄孙的身份服丧。

偏偏有人借机生事，他们联合起来弹劾文天

祥，说文天祥"当有重服，匿而不行"，意思是本应服重孝，文天祥却故意隐瞒情况不报。违反礼制，不守孝道，这在专制礼教的时代，是要被置于死地的大罪。文天祥此劫凶多吉少。

先是黄万里发难。黄万里何许人也？他是贾似道跟前的红人。贾似道这时已经完全成了宋度宗的政治依靠。宋度宗年幼无知，缺乏政治经验，朝廷一切事情完全听从贾似道摆布，实际上贾似道已掌控了朝廷的一切军政大权，就连老资格的江万里、马廷鸾等，也要看贾似道的脸色行事。黄万里时任御史，品质败坏，早就视文天祥为眼中钉，只是苦于找不到机会。如今机会来了。于是黄万里罔顾事实，向朝廷上书弹劾文天祥。

接着，一群无耻之徒积极响应。他们联名炮制了一份《龙溪友议》，印刷一万多份，在江西、福建、广东等地到处散发，直接挑明文天祥违反礼制，不守孝道，欲毁坏文天祥的名声。使出这么狠毒的一招，是因为他们担心朝廷万一忌讳文天祥的状元身份，不肯治罪，于是就在民间败坏文天祥的名声。欲加之罪，何患无辞？！

文天祥愤怒了！他写文章申诉，对欲加之罪一一加以驳斥。他在给相命先生的回信中写了一

首诗《赠桂岩杨相士》,诗云:

> 荣悴纷纷未可期,夕多未振已朝披。
> 得刚难免于今世,行好须看有验时。
> 萱昼堂前惟有母,槐荫庭下岂无儿?
> 好官要做无难做,身后生前是两岐。

文天祥正道直行,一腔热忱,为民为国,法天地之不息,迟早是要吃苦头的。但他有思想准备,要想当好官,身后留清名,就要准备在生前遭横祸,所谓"好官要做无难做,身后生前是两岐"。文天祥的师友们愤愤不平,他们要为文天祥申冤叫屈。文天祥的老师欧阳守道、浙江衢州教授曾凤都撰文对那些无耻之徒加以反驳,说梁太夫人既已改嫁,死后持重孝的就应该是刘氏子孙,文天祥理当承心制,不应该穿孝服,这些人是存心"于无过中求有过",在颠倒黑白,无事生非。

官司打赢了,朝廷允许文天祥承心制,政治名誉保住了,但朝廷还是罢免了他的官职,这是文天祥首度遭贬。

愤然回到文山

咸淳元年(1265),文天祥回到家乡庐陵。回到家乡不久，他发现离家不远的一处地方，山水十分优美，那里"溪山泉石，四妙毕具。委曲周遭，可十余里。盖其景趣，兼盘古环滁而有之。而其旷远缥缈，或谓南楼劣焉"。看来，这里是一个修身养性的好地方。文天祥决定在这里疗养身心，并给这处山水取名为文山。

这里的山水果然别致，有文天祥的诗歌为证：

文山即事

宇宙风烟阔，山林日月长。

开滩通燕尾，伐石割羊肠。

盘古堪居李，庐山偶姓康。

知名总闲事，一醉棹沧浪。

风景不仅绝佳，而且脱绝人间烟火气，尽管荒凉了一点，但人烟阒寂，正好可以用来修身养性。当然将其开辟出来，也没少费事，因为羊肠小道遍布其间。

文天祥在此过的是什么样的生活呢？逍遥自在，惬意无比，有诗歌为证：

出　山

日日骑马来山中，归时明月长在地。

但愿山人一百年,一年三百余番醉。

这不是醉生梦死的生活吗?这怎符合刚直的文天祥的个性?有一件小事说明了一切。文天祥有一同窗好友,叫胡天牖,文天祥曾邀他来文山小住半月,二人关于文山景点取名有一番深入的交流。文天祥把原先唤作"翠晚"的地方改作"浮岚暖翠",一改原先之名的暮气,使此处景点更见生机;把"钓雪"改为"六月雪",改道家的隐逸情怀为儒家的生死准备,意谓人事无常,时时刻刻要有所准备;又把"特立"改为"至大至刚以直",毫不隐讳地表明自己的志向,做人要至大至刚,要像大丈夫那样伟立于天地之间。这原本就是少年文天祥立下的宏图大志啊!

文天祥说:"予闻之,圣贤畏天命而悲人穷,未尝不皇皇于斯世。然方其初也,守其义不随世而变,晦其行不求知于人,修其天爵,无所怨怼。一日达,可行之于天下,正己而物正,而所性不存焉。"孔子说:"邦有道则仕,邦无道则隐。"这正是儒家所倡导的"达则兼济天下,穷则独善其身"的政治情怀。说到底,文天祥尽管身在文山,其心还在朝廷。

而后,文天祥被再度召回京城。咸淳六年

（1270），文天祥因不满贾似道把持朝政，违抗贾似道旨意，再一次罢官回到庐陵。这一次，文天祥有点心灰意冷了，决意不再进入官场，在家修心养老。回想自己从宋理宗景定元年（1260）开始任职，到咸淳六年（1270），整整十年间，自己一心一意为朝廷效力、想为老百姓做事，却一次次落空，自己一个人的遭遇尚且这样，国家又岂能太平？文天祥不禁黯然神伤，一口气写了三首诗，即《山中六言三首》：

其一

两两渔舟摇下，双双紫燕飞回。

流水白云芳草，清风明月苍苔。

其二

鹤外竹声簌簌，座边松影疏疏。

夜静不收棋局，日高犹卧纱橱。

其三

风暖江鸿海燕，雨晴檐鹊林鸠。

一段青山颜色，不随江水俱流。

渔舟唱晚，江水奔流，白云高，芳草幽，清风徐徐，明月静照，日子何其宁静！这可是文天祥一生的最爱，可以高卧，看江鸿翩飞，听鹊鸠鸣雨，人与鸟共享一段青山颜色。不过，还是暴露了文天祥的人生底色，他要像青山那样，不改颜色；不随江水，要做中流砥柱，要独立于时代的风潮之中。

文天祥决意修建一栋住宅，上一次刚起这个念头就离开了，这一次说什么也要动工建造了。要学一学欧阳文忠公大人，建一处房屋，与民同乐，放眼看去，"环滁皆山也"。

咸淳七年（1271）秋天，襄阳、樊城蒙古军大败南宋守军的消息传到了庐陵，传到了文山，文天祥坐不住了，匈奴未灭，何以家为？他决意出山了。而此时此刻，他建造的房屋，刚好进行到一半。

第八章
三起三落

再次被逐

咸淳元年（1265）四月，文天祥因祖母梁太夫人安葬守孝一事被诬陷，被弹劾，尽管赢了官司，却丢了官职。文天祥罢官归乡，在文山过了一段悠闲的日子。

咸淳三年（1267）九月，文天祥被朝廷任命为吏部尚书左司郎官，于十二月赴京任职，但仅仅一个月，又被奏免官职。这是文天祥第二次被罢免官职。

为什么任职仅一个月，又被罢免了官职？

史书上没有详细记载，也就是说文天祥被免去官职，没有任何原因。我们且看诰词是如何写的吧：

> 我理宗享国，庶几仁祖，取士之数，却又夥焉。当时褒然之选，今其存者，无不登进。独尔以陈情之表，谈礼之文，淹恤在外，尚迟向用。夫风之积不厚，则其负大翼无力。若尔之植立不凡，非特以高科也，而又益培厥栽，则其滋长也孰御？尚左高于郎位，其以是其家。

就是说，朝廷是爱才的，也识得你文天祥的状元之才，可你总是挑三拣四，嫌肥爱瘦，这大概也不符合你的性格和志向吧。再说了，大丈夫就是要像孟子说的那样，磨得一番筋骨苦，方得梅花扑鼻香，那我们就先锻炼锻炼你的筋骨吧。因此，要先磨一磨文天祥的性子。这话说好听点，是锻炼人，说不好听点，就是玩人、整人。是谁要这样干呢？幕后主使就是贾似道，贾似道一心想把文天祥培养成自己的心腹，但眼看着拉拢不了，于是就变着法儿整人。

咸淳四年（1268）正月，文天祥被任命为兼学士院权直，兼国史院编修，兼实录院检讨，这些都是虚职，也就是说，文天祥刚被任命为吏部尚书左司郎官还未满月，就又被悬置起来了。这简直就是一种侮辱。文天祥还没来得及表态，当月（正月），御史黄镛就奏免了文天祥的官职。还有什么比这样的屈辱更让人愤怒的呢？

文天祥一气之下，又回到了文山。

文山经过两年的修建，已经颇具规模了。文天祥在《游文山观大水记》中写道：

> 自文山门而入，道万松下，至"天图画"，一江横其前。行数百步，尽一岭，为"松江亭"。亭接堤二千尺，尽处为"障东桥"。桥外数十步，为"道体堂"。自堂之右循岭而登，为"银湾"，临江最高处也。银湾之上有亭曰"白石""青崖"曰"六月雪"；有桥曰"两峰之间"。而止焉，"天图画"居其西，"两峰之间"居其东，东西相望二三里。此文山滨江一直之大概也。

既寄托了文天祥高洁的人格操守，也显示了文天祥的治理能力。

文天祥此次回家，正赶上文山突发洪水，但见滔天巨浪直奔云天，再听洪水咆哮之声，犹如惊天响雷，震得人耳朵发麻。洪水中，树林摇曳，道路阻断，一切阻碍的势力都被冲得七零八落。文天祥感到好不畅快！一时间，诗兴大发，豪情万丈，提笔写道："风雨移三峡，雷霆擘两山。"同行的友人杜伯扬也咏道："雷霆真自地中出，河汉莫从天上翻。"萧敬夫也吟咏道："八风卷地翻雷穴，万甲从天骤雪鬃。"三位诗人对这场大水的滔天气势和巨大的力量，充满了赞美和敬仰，文天祥也一洗胸中被权术玩弄的阴霾。

还未尽兴！文中又极写洪水的磅礴之势：

> 未至"天图画"，其声如疾风暴雷，轰鼪震荡而不可御，临崖侧目，不得往视。而隔江之秧畦菜陇，悉为洪流矣。及"松江亭"，亭之对为洲，洲故垤然隆起。及是，仅有洲顶，而首尾俱失。

看看，何等壮观的洪水！气势恢宏，奔涌而下，许多地方，仅有顶部才能看见，首尾全不见，"临岸侧目"，水大得无法再回首观看。

在文山的生活，文天祥是满意的，也是惬意的。他写过一首《山中载酒用萧敬夫韵赋江涨》记述自己的感受：

> 拍拍春风满面浮，出门一笑大江流。
> 坐中狂客有醉白，物外闲人惟弈秋。
> 晴抹雨妆总西子，日开云暝一滁州。

忽传十万军声至，如在浙江亭上游。

诗中既有对这次江水大涨的记述，也有对自己治理下的文山山水的陶醉，这里仿佛是杭州的西湖，又仿佛是欧阳修的滁州，而自己呢？就好像是诗仙李白，风流酒醉，对枰手谈，幸福之情溢于言表。

咸淳四年（1268）冬至，文天祥被任命为福建提刑，未及上任，又被奏免。

不过，文天祥在等待机会，机会也终于来了。

赴任宁国府

咸淳五年（1269）三月，江万里出任左丞相，马廷鸾出任右丞相兼枢密使，这两个人重掌朝廷枢机，给文天祥带来了机会。文天祥在家乡得知这个消息，十分高兴，觉得国家振兴有望了。他马上给江万里写信，表示祝贺，他说"大老造朝，元台正席""文章巨丽，器量崇深，有报国之大节"，称江万里拜相"相天地，理阴阳，安国家，定社稷"，对江万里的复出寄予厚望。同时，文天祥也写信向马廷鸾表示祝贺，说马廷鸾就好比是上古时期的贤人皋陶，朝廷是"复得良臣""知庙廊之有人，为国家而增气"，对马廷鸾不逢迎、不巴结的气节表示敬仰。这些赞赏之词正是他的肺腑之言。

江万里和马廷鸾推荐他担任要职——知宁国府。但是文天祥辞免了。请看文天祥递交的《辞免知宁国府状》，言说自己当年"实无他肠，粗有远志"，表明自己是有远大志向的；"昔年忧国，冒当事任之难"，是说他一心想有一番作为，但每每事与愿违，还未出任，就被莫名奏免；自己两次被弹劾罢官，虽然人们自有公论，但朝廷一直没有给自己一个明确的说法，"虽公论至久而愈明"。文天祥希望朝廷收回成命，允许他改为奉祠，使自己能"读书养亲，安身寡过"。说穿了，文天祥仍然觉得时机不够成熟，他不想还未赴任，就被莫名奏免。

咸淳元年（1265），贾似道被特授太师、封魏国公，咸淳三年（1267）又被授平章军国重事，其地位在左右丞相之上，朝廷的军政大权又掌握在他手里。文天祥是想用这封辞免信，表明自己的态度，同时也是对贾似道的一个试探。他要做事，就堂堂正正、大大方方出来做事。朝廷没有答应文天祥的辞免。拖了半年，文天祥只得赴任。

咸淳五年（1269）十月十五日，文天祥由赣江经鄱阳湖入长江,前往宁国府(今安徽宣城,也称宣州)赴任。途经隆兴府(今江西南昌),他再次登临滕王阁,但没想到的是,隆兴府已经荒凉得目不忍睹了。开庆元年(1259),文天祥与弟弟文璧赴临安参加进士考试,曾登临过滕王阁。那时,滕王阁气势恢宏,高耸入云,一派繁华的景象。如今,荒草遍地,家国衰薄,一时间激愤之情齐聚心头。文天祥泼墨挥毫,写下了《题滕王阁》一诗:

> 五云窗户瞰沧浪,犹带唐人翰墨香。
> 日月四时黄道阔,江山一片画图长。
> 回风何处搏双雁?冻雨谁人独驾航?
> 回首十年此漂泊,阁前新柳已成行。

文天祥来到宁国府后,第一件事就是复建文物古迹,期望用名人事迹来正风化,知礼仪。北宋著名诗人梅尧臣是当地乡贤,当地曾为他建有"览翠亭",因年深月久,原碑已湮埋入土中。文天祥命人发掘此碑,并书写"颜间"二字,作诗题记此事。文天祥还写下《劝农》《戒农》诗五首,如"勤耕作,布种及时""行孝悌,敬重爷娘""勤教子,有子读书",等等,劝老百姓勤耕作，勤课子。文天祥还向朝廷申请减免宣州赋税，直到离任前的一两天，才得知朝廷已经批复，当地老百姓欢欣鼓舞，奔走相告，对文天祥感恩戴德，并为他建生祠，以示纪念。咸淳六年（1270）正月初一，朝廷任命文天祥为军器监兼右司。无奈之余，文天祥只得赴京任职。

再次返京任职

赴京前，文天祥回了一趟家乡。

离家乡30里处，有一个地方叫冷水坑，此处有一旅店，店主名唤胡翁。胡翁有一天做了一个梦，梦见有龙蜕爪在他家店门外的石头上，早上起来一看，果然如此。胡翁惊诧不已，认为这是吉兆。那年文天祥兄弟去白鹭洲书院读书，路经此处就坐在那块大石头上歇息。胡翁赶紧上前嘘寒问暖，跟文天祥说："他日荣华富贵，一定要垂怜我家。"文天祥心中纳闷，就问其故。胡翁就一五一十地告诉了文天祥。文天祥也没当一回事，就答应了。此番路经家乡，又到此店，胡翁要文天祥兑现承诺。文天祥就命人打开所有行李，说："我所有的行李，请你任选一件。"胡翁打开一看，全都是扇子，原来是宣州百姓送给文天祥作为纪念品的。由此可知文天祥从政是多么清廉。

咸淳六年（1270）四月，文天祥到达临安，到军器监报到，又被任命为兼崇政殿说书。这是个什么官职呢？其实就是皇帝的侍读，讲儒家经史要义。

咸淳六年（1270），江南大旱，文天祥跟度宗讲《周易》。他说："人君一身，所以造化时世者也。故天文顺其常，则可以知吾之无失政；一有变焉，咎即在我。是故天文者，人君一镜也。对镜可以察妍媸，观天文可以察善否。""天道人事，实不相远。自古人君，凡知畏天也，其国未有不昌。"文天祥这是从董仲舒的"天人感应"学说出发，论证人君治理国家，成败都可以从天变中看出来。发生天变，如今江南大旱，一定是政治上出了问题。他还给皇帝讲《诗经》，劝度宗皇帝不要大兴土木，不要广造宫室，要体恤老百姓的疾苦，尤其是在国家危难之时。他还给皇帝上《轮对札子》，劝皇帝说"民可近，不可下"。他说："圣人知有理而已。合于理者昌，违于理者僵。"劝诫度宗皇帝要行"公道"，行"直道"，凡事要以理而行，不可违背大道。文天祥这里所说的"道",就是自然之道,自然法则,就是君臣之道,朱熹的理学之道。

意料之中的是,宋度宗当然不会听文天祥的劝谏,依然故我。不幸的是文天祥进京,江万里出京,因为与贾似道相处不下去,江万里于咸淳六年(1270)四月,辞去相印不拜。这对文天祥来说是个沉重的打击。心情落寞的文天祥去给江万里送行,临别时,他写了一首诗《临岐饯别》:

> 圣恩优许力求田,把酒临岐饯一杯。
> 台阁是非远已矣,乾坤俯仰愧何哉?
> 竟迫范蠡归湖去,不管胡儿放马来。
> 强围倘殷如孔棘,也应定策救时危。

江万里出京,文天祥是多么失落和悲伤,尽管这样,他还在力劝这位老丞相念及国家衰微,留在朝廷继续为国为民出力献策。可江万里还是走了,被贾似道赶出了京城。贾似道在朝廷更加有恃无恐了。终于,冲突不可避免地发生了。

交恶贾似道

咸淳六年(1270)六月,贾似道赶走了江万里之后,又玩起称病退朝的把戏。这还了得,贾似道是宋度宗的主心骨,他一走,度宗皇帝就六神无主了。宋度宗下令右丞相马廷鸾、同签书枢密院事赵顺孙劝阻,自己下诏令挽留。这起草诏书的事就落到文天祥的头上了,因为文天祥兼任学士院权直,负责起草诏书。

贾似道玩弄称病退朝已经不是一次两次了,这是老把戏,他是以此要挟度宗皇帝,使自己升官发财。咸淳元年(1265)三月,度宗刚即位,贾似道就称病退朝,给度宗皇帝一个杀威棒,度宗命人把贾似道从绍兴抬回临安。回来后,度宗就特授他太师,封魏国公。咸淳二年(1266),贾似道又要辞官退朝,在江万里的严厉斥责下收场,因此他对江万里恨之入骨。咸淳三年(1267)二月,贾似道故伎重演,弄得度宗皇帝哭哭啼啼地哀求,又给他升官,授平章军国重事,位置在左右丞相之上,掌握朝中军政大权。当时人称"朝中无宰相,湖上有平章",讽刺贾似道花天酒地,穷奢极欲,荒淫无道。这回贾似道又要称病退朝,但碰上了文天祥,文天祥可不吃他那一套。

在第一次赴京任职时,文天祥就给贾似道写了一封不卑不亢的信,表达了自己做人为官的态度。鄂州解围,贾似道撒了一个弥天大谎,让文天祥进一步看清了贾似道的本质：推行公田法，横征暴敛，文天祥任职地方官的时候，也曾目睹。现在，前线襄阳告急，贾似道却荒淫无度，怠于朝政，沉浸在酒色之中。面对这样一个独断专行、拉拢亲信、排除异己、玩弄权术的假道学家，文天祥怎能说违心话、做昧良心的事？文天祥决定找准机会，狠狠地在度宗面前参他一本——不管有没有用。不参他一本，出不了心中这口恶气！

　　文天祥草拟诏书时，用了一点心计，他写了两份稿，因为诏书必须要经贾似道审阅。在送给贾似道审阅的这一稿中，文天祥算说得比较客气，称贾似道退朝去职有违人心，因此极力挽留贾似道，要求他"尚鉴时忱，永绥在位"。在另一稿里——这一稿是直接送给度宗皇帝看的，就没有那么客气了，文天祥说"周公相成王，终身未尝归国"，一上来就以周公辅助成王为例，给贾似道施压。又说："盖常情以去就为轻，惟大臣以安危为重，苟利于国，皇恤其身？"这就有点责难的意思了，意思是做臣子的，当以国家社稷为重，岂可以爱惜身体为重？还说："古者之赐几杖，虽当七十，而不得引年，我朝重辨章，虽年九旬,而尚使为政。"意思是古代大臣70岁还在为国效力,我朝有90岁的大臣还在朝廷做事,你贾似道才50多岁,就借口称病,退朝怠政,又怎么能说得通呢?把贾似道玩弄称病退朝的把戏揭露得体无完肤。

文天祥在政治上还是太过天真,他以为自己草拟两份诏书就可以瞒过贾似道,然而,他又怎么敌得过老奸巨猾的贾似道呢?须知,玩弄权术正是他的拿手好戏。贾似道截获了文天祥的诏书,并指使人重新拟定诏书,再送给度宗皇帝,这样,度宗皇帝就完全答应了贾似道的要求。贾似道又玩弄了一回度宗,附带着也耍了一下文天祥。

文天祥愤怒了!他立即上奏章,指出:"引先朝杨大年在翰林草诏,以一字不合真宗圣意,明旦援唐故事,学士作文书,有所改为不称职,当罢,因亟求解职,丐祠引去。"贾似道正要借故打击文天祥,正恨得他牙痒痒,现在文天祥主动请求辞免,他还不趁机允诺?于是,文天祥又被罢免官职,赶出京城,这回免得更干净,连祠禄都不给了。

这是文天祥第三次被逐出官场,第四次被罢免官职。

第九章
风雨飘摇

襄樊告急

咸淳六年（1270）八月，文天祥被赶出京城，返回家乡。拔除了文天祥这颗"眼中钉"，贾似道更加肆无忌惮了。他每日坐在西湖边上的葛岭，逍遥自在，花天酒地，淫乐享受，并且改六日一早朝为十日一早朝，朝政更加荒废了。不仅如此，他还封锁前线消息，任意破坏抗蒙战争。当度宗问他："襄阳已经被围困三年，该如何是好？"贾似道却说："陛下，北兵早已退回，您这消息是从哪儿来的？"度宗告诉他说："是从一个宫妃那儿听来的。"贾似道立即命人找来那个宫妃，杀了。从此以后，谁也不敢议论前线战事了，朝中每日歌舞升平。

可事实上前线是个什么样子呢？

咸淳四年（1268）八月，蒙古军从白河口筑垒阻断襄阳粮道，并在汉水中筑台阻断南宋援军，自此，襄阳被围困，到咸淳六年（1270）已经整整三年。

咸淳五年（1269）三月，蒙古军在鹿门山筑垒围攻樊城，守城将领范天顺顽强抵抗，终因寡不敌众，倒在血泊中。临死时，范天顺仰天长叹："生为宋臣，死为宋鬼！"死得壮烈。副将牛富眼看大势已去，以头撞柱，投火自尽。樊城失守，襄阳城岌岌可危。

咸淳七年（1271）六月，蒙古军击败前往支援的范文虎部及十万舟师，俘获战船、武器、士兵不可胜数，范文虎投降蒙军。宋军元气大伤。

咸淳七年（1271）十一月十五日，蒙古大汗忽必烈接受太保刘秉忠建议，取《易经》中"大哉乾元"之义，改国号为"大元"（1271年为元朝建国年号），进一步加强了对南宋的进攻。

咸淳八年（1272）五月，京湖制置使李庭芝驻兵鄂州，他招募骁勇善战的民兵3000人，由张顺率领，前往襄阳支援。襄阳城下，张顺身中六枪四箭，在血泊中仍指挥战斗，气贯长虹。

咸淳八年（1272）九月，守将张贵率水军冲出重重包围，到达龙尾洲，本意是寻求支援，不意遭到元军迎头痛击，全军覆没。张贵身受十处重创，不屈不挠，英勇就义。襄阳守军听说张贵壮烈牺牲，全军痛哭。

襄阳自古就是兵家必争之地，号称"南船北马，七省通衢"，南来北往十分方便，水陆交通十分发达。元军如果占领襄阳，就能够沿着汉江进入长江，然后洞开长江中下游的门户，直逼临安城。这样，元军就可顺势而下，而南宋江山将大势已去。

战事一打就是五年，现在樊城失守，襄阳城又弹尽粮绝，城中人物所剩无几，人们纷纷拆屋当柴烧。守将吕文焕每次巡城，南望恸哭，然而，贾似道装聋作哑，迟迟不发援军。吕文焕守城六年，看透了南宋政局的昏暗，实在看不见前途，再加上意志薄弱，遂弃城投降，做了元军的俘虏。襄阳城就这样失守了。

报国无门，忧居山中，文天祥心急如焚。当前线吃紧的战报传来时，他心中久久难以平静。他提笔写道："故人书问至，为言北风急。山深人不知，塞马谁得失？挑灯看古史，感泪纵横发。"痛心疾首，夜不能寐！然而，谁愿意在这山中困着啊，我是被绊住了手脚，有劲儿使不上，有志无处伸，"青春岂不惜？行乐非所欲。采芝复采芝，终朝不盈掬。大风从何来，奇响振空谷。我马何玄黄，息我西山麓"。真是报国无门，欲哭无泪。文天祥困居山中，痛苦不堪，因为这根本就是违背他政治理想和书生抱负的，"昔为江上潮，今为山中云。江上潮有声，山中云无情。一年足自念，况复百年长。但存松柏心，天地真茫茫"。国难当头，文天祥岂甘心就这样困于山中？他在等待机会。

赶赴湖南

咸淳七年（1271）冬至，朝廷任命文天祥为湖南运判。他还未赴任，旋即被御史陈坚奏免。文天祥没有气馁，还在等待。咸淳八年（1272）五月初二，文天祥37岁生日，他提笔写道："桑弧未了男子事，何能局促甘囚山。"表达了他的凌云壮志。六月，他患了疟疾，一病40日。咸淳九年（1273）正月，他的恩师欧阳守道去世，噩耗传来，文天祥万分悲痛。他先做一文《祭欧阳巽斋先生》，又做一诗《挽巽斋先生欧阳大著》，深情地缅怀这位给予自己诸多教诲的老师。也就是在正月，文天祥终于等来了朝廷的任命。他被任命为湖南提刑。

湖南提刑，也就是荆南西路提点刑狱司，职责是掌管荆南西路的司法、刑狱和监察等事，这种职务文天祥以前也担任过，责任还是很大的。文天祥轻车熟路，上任伊始，就投入到紧张的工作中。五月初一日到达任所衡阳（今湖南衡阳，也称衡州），受印就职，接见吏民。从五月到第二年的正月，在衡阳短短8个多月的时间里，文天祥日理万机，只争朝夕。他整顿吏治，平反冤假错案，处理积案，忙得不可开交。他张贴公告，警诫吏民。在他的文集里，我们可以看到他审理了许多案件，如"断配典吏侯必隆判""平反杨小三死事判""门示茶陵周上舍为诉刘权县事判"等。

这里举一个例子，来看看文天祥是如何判决案件的，借此也可以看出文天祥对徇私枉法是多么痛恨。侯必隆，一个普通的典吏，可是他竟敢在呈押之时，套取花押，于公文行移之后，又伪造公文。真是胆大包天！他这样做，当然是为谋取私利，以便索取贿赂。对此，文天祥是深恶痛绝的。文天祥说："我十年前任刑部郎官时，就对这种徇私枉法、舞弊成风严加关注,一旦发现有营私舞弊行为,必严惩不贷。"所以,对侯必隆,文天祥毫不手软,绝不姑息养奸,他严判侯必隆脊杖十五,刺配千里州军,限五日押发。

文天祥每到一个地方,都不忘记与民同乐。咸淳十年(1274)正月十五,文天祥与衡州的老百姓一起举行元宵花会庆祝。花会由衡州知州宋遇今主持。当时,全城的老百姓几乎倾巢出动,场面十分热闹。文天祥还专门写了一篇文章《衡州上元记》来记述此事。文天祥每到一个地方,也一定要登楼赋诗,这既是一种文人雅兴,也是通过修复古迹来倡导民风,引导社会重视人文礼仪。衡州石鼓书院有一座楚观楼,十分壮观,但此时此刻登临,就别有一番意味了。山河破碎,家国飘零,襄樊被占,国土沦丧,在这种情况下,朝政仍旧腐败,权奸仍在当国,每当想起这些事情,文天祥就痛不欲生。登上楚观楼以后,他写下了《题楚观楼》一诗:

> 西风吹感慨,晓气薄登临。
> 半壁楚云立,一川湘雨深。
> 乾坤横笛影,江海倚楼心。
> 遗恨飞鸿外,南来访远音。

诗沉郁悲凉，寄慨尤深，令人不忍卒读。在这种情况下，文天祥的头发又怎能不变白呢？

咸淳九年（1273），文天祥38岁，却已显出老态。文天祥写了一首诗记录此事，他自嘲自己的人生，说："岁月不可欺，雪霜日长大。世人竞染缁，厌之故足嗟。谁服芦萉汤？避老亦奚为？少老如春秋，造物以为俦。吾方乐吾天，乐天故不忧。"可是说归说，做归做，家国衰薄之时，文天祥又怎能快乐起来呢？

在湖南任上，唯一值得欣慰的一件事，是他看望了76岁的江万里。江万里，朝中栋梁，却屡遭排挤，如今也在湖南任职，任荆湖南路安抚使兼知潭州（今湖南长沙）。文天祥安排完工作后，就赶去潭州看望他。两人相见，热泪横流。江万里赏识文天祥的才干和学问，也欣赏文天祥的气节；文天祥呢，一直敬仰江万里的道德文章和人格风范。二人性情相投，无所不谈。谈国家，谈战事，谈人生命运，谈得最多的还是前线战事，二人都对国家前途表示担忧。临别时，江万里对文天祥说："吾老矣，观天时人事当有变。吾阅人多矣，世道之责，其在君乎！"意思是我已经年过古稀，比你整整大上一倍，如今是心有余而力不足，国家命运及前途要扭转，只有靠你了。说完，老泪纵横，文天祥也热泪盈眶。二人心情沉重地别离了。

治理赣州

咸淳十年（1274）正月二十五，文天祥离开衡州，赴赣州上任。朝廷已任命他知赣州。

这一天，衡州知州宋遇今、他的好朋友李芾都赶来送他，李芾在舟中设宴相送30里。文天祥十分感动，感慨不已，遂写诗记怀：

> 潇湘一夜雨，湖海十年云。
> 相见皆成老，重逢便作分。
> 啼鹃春浩荡，回雁晓殷勤。
> 江阔人方健，月明思对君。

对老朋友的依依送别表示感谢，也对朋友们的多舛命运，对自己的身世浮沉，寄寓良深。

三月二日，文天祥抵达赣州。到赣州后，他马上上书皇帝，一是感谢朝廷体恤自己思亲之苦，调任自己到离家近的地方任职，二是表明自己将坚决奉行儒家的伦理纲常，以仁政治理地方，教化百姓。文天祥说："臣敢不老老及人，亲亲为政,由家达国,期兴逊以兴仁,以子移臣,寓为忠于为孝。"不久,文天祥把一家老小都接过来了,一家人团圆,别提有多高兴了。六月,适逢祖母刘氏87岁生日,文天祥决定借这个机会,引导百姓孝顺恩亲。于是他把全城71岁至96岁的老人都找来了,共有1390名,搞了一次盛大的尊亲尽孝的敬老活动。老人们在一起,笑逐颜开,说说笑笑,儿孙们在一起,服侍老人,尽心尽责。这场寿宴活动搞得非常成功。文天祥也特别高兴,他给友人写信说"老者既踊跃,而少者始皆知以老为贵"。少有所乐,老有所养,这就是儒家的德政。

赣州地处江西南部,与广东接壤,山穷水恶。尽管民风淳朴,但也有盗寇出没,社会矛盾十分突出。文天祥根据治理湖南的经验,认为一个地方要治理好,首先要正民心,读诗书,知礼仪,"不可以刑畏慑,而可以义理动""以诗书揉强暴,以衣冠化刀剑",要以礼治,以德治。另一方面,地方官必须带头做好,做出表率,这一点他一向做得很好。在赣州,他日夜勤政,亲近吏民,为民申冤,惩治恶吏,使日月明朗,风正气清。看到赣州在自己的治理下有了巨大的改变，文天祥十分高兴，写诗赞道："八境烟浓淡，六街人来往。平安消息好，看到岭头梅。"老百姓安居乐业，社会风气改善，盗贼自然就没了，连地方政权也巩固了。

在赣州任上，有一件事需要说一说。这就是他与相士杨桂岩的交往。他第一次与杨桂岩交往是在任江西提刑时，第二次是罢宣州官职时，此次是第三次了。杨桂岩追随文天祥来到赣州，到处宣讲文天祥的功德造化和仕途远大，文天祥觉得他的做法不合适，于是，就写了一首诗劝谕杨桂岩：

> 此别重逢又几时？赠君此是第三诗。
> 众人皆醉从教酒，独我无争且看棋。
> 凡事谁能随物竟，此心只要有天知。
> 自知自有天知得，切莫逢人说项斯。

项斯是唐代人，做过吉州刺史，后葬于庐陵玉山，与庐陵有不解之缘。唐代国子祭酒杨敬之对他非常器重，逢人就说，四处推荐，成语"逢人说项"便由此而来。文天祥用此典故，是提醒杨桂岩说他早已把官场看透了，就别到处宣传他的官运了。文天祥对他的官运看得很清楚。

风雨飘摇

襄樊失守,南宋朝廷风雨飘摇。

咸淳十年(1274)正月,忽必烈召集各路军马元帅,讨论南征灭宋之策。阿里海牙说:"襄樊自古就是用兵之地,现在已为我军所有,汉江上流也在我军控制之下,只要我们顺流而下,必然剿灭南宋。"阿术也在一旁附和道:"我看宋军疲惫不堪,现在正是进军南宋的最好时机。"忽必烈点点头,命中书省签发10万大军,任命伯颜为统帅,说:"伯颜可办此事。"于是伯颜率领10万大军,气势汹汹地向南宋朝廷杀将而来。南宋军队果然是溃不成军。

咸淳十年(1274)九月二十日,伯颜的10万大军逼近郢州(今湖北钟祥),伯颜没有强攻,而是采取瓦解和围点打援之策,即先把郢州周边拿下,等待郢州不攻自破。十月下旬,夺取藤湖。十月二十三日,夺取沙洋。十月下旬,逼近复州(今湖北天门),守将翟贵开城迎降。十二月中旬,逼近鄂州(今湖北武昌)城下,守将张晏开城投降。鄂州失守,宋军精心构筑的长江防线被元军撕开了一个巨大的口子。在短短的两个多月时间里，南宋相继失去四五座重要城池。蒙古军所到之处，势如破竹，不可阻挡。

咸淳十年（1274）七月九日，宋度宗突然驾崩，9岁的赵㬎被扶上皇位，史称宋恭帝，并诏告下一年（1275）为德祐元年；太皇太后谢道清垂帘听政。

宋度宗时代结束了，但朝中军政大权仍掌控在贾似道手里。鄂州失守，谢太后把希望寄托在贾似道身上，于是命贾似道率领13万精兵迎敌，期待一战告胜。然而贾似道名为迎战，实为议和，但伯颜不吃他这一套。伯颜说："如今沿江州郡都已落入我手，如果贾似道真想议和的话，就叫他亲自过来吧。"贾似道哪有胆量去见伯颜呢？他早已被吓破了胆。伯颜于是决定兵进丁家洲。

丁家洲，地处安徽铜陵北部，扼长江东进之咽喉，地形地势十分险要。贾似道还是懂一点军事的，看到丁家洲之险要，不惜重兵布防，死死守住丁家洲长江两岸，又用2500艘战舰横亘在江中，而自己则率领中军队做后盾。伯颜看到宋军重兵布防，自己占不了便宜，于是决定用计。一连几天，伯颜做几十艘大筏，上面放满柴草，扬言要火烧宋军战舰,宋军不敢怠慢,日夜严防死守。不几日宋军就疲惫了。几天后,伯颜突然率兵沿长江两岸猛攻宋军,又用巨炮轰击宋军,命阿术驾船从水路直冲宋军布防,宋军将领夏贵不战而逃。贾似道听闻后大惊失色,落荒而逃。宋军失去统帅,溃不成军,元军乘胜追击,宋军水师大败,鲜血染红了江面。

丁家洲失守,军事形势急转直下,伯颜继续率兵东进,逼近宋朝都城临安,南宋政权更加岌岌可危了。

第十章
起兵勤王

挺身而出

郁孤台，位于赣州城西北部贺兰山顶，初建于唐代，历经战乱，屹立不倒。南宋淳熙二年（1175），南宋著名词人、爱国将领辛弃疾在赣州任江西提点刑狱，曾登上郁孤台，写下了著名的《菩萨蛮·书江西造口壁》，全词如下：

> 郁孤台下清江水，中间多少行人泪。西北望长安，可怜无数山。 青山遮不住，毕竟东流去。江晚正愁余，深山闻鹧鸪。

一百年后，谁能想到，历史竟然如此相似。宋恭帝德祐元年（1275）正月初，赣州大雪，雪花覆盖了全城。一日清晨，文天祥很早就醒了，他走出城外，走到贺兰山顶，登上郁孤台。只见四周白雪茫茫，远处的赣州城静穆无语。往东眺望，仿佛能听到临安城里朝野的杂声。此时此刻，文天祥的心中翻江倒海一般，他想起了辛弃疾，他要像辛弃疾一样，上前线去杀敌，为国效忠，为抗元献身。他写下了一首《题郁孤台》诗：

> 城廓春声阔，楼台昼影迟。
> 并天浮雪界，盖海出云旗。
> 风雨十年梦，江湖万里思。
> 倚阑时北顾，空翠湿朝曦。

德祐元年（1275）正月十三，文天祥在赣州同时接到两道诏书，一道《哀痛诏》，由太皇太后谢道清发出，命令各路义士起兵勤王；一道是直接下给他本人的专旨，命他"疾速起发勤王义士，前赴行在"。这说明国家真的有难了！

《哀痛诏》中说："先帝倾崩，嗣君冲幼，吾至衰耄，勉御帘帷。曾日月之几何，凛渊冰之是惧。"说明了当前严峻的形势和不堪的处境，读来令人心惊。"愤兹丑虏，闯我长江，乘隙抵巇，诱逆犯顺。"敌人侵占我土地，毁灭我家园，他们趁我宋朝国运衰微的时候，侵犯我主权，要我们做阶下囚。这能答应吗？"田里有愁叹之声，而莫之省忧；介胄有饥寒之色，而莫之抚慰。"家园被毁，同胞遭难，谁来抚慰，谁来承担，当然应该是我们自己，我们不能坐视不管。"尚赖文经武纬之臣，食君之禄，不避其难；忠肝义胆之士，敌王所忾，以献其功。有国而后有家，胥保而相胥告。"号召所有食君之禄的人都奋起抗敌，"不避其难""以献其功"，立下赫赫战功，为国捐躯。"有国而后有家"，既诚恳，又令人痛心，殷殷寄希望于天下。诏书最后说："体上天福华之意，起诸路勤王之师，勉策勋名，不吝爵赏。故兹诏谕，想宜知悉。"朝廷和皇帝是会记住各位勤王义士的功劳的，将来要论功行赏。

　　文天祥读到这样急切、恳切、痛切的《哀痛诏》，早已泪流满面了。国运衰薄，其音也哀。他原本就抱有救国之志，只不过朝廷昏暗，权奸当国，他无法有所作为。而今不一样了，国家有难，每一个人都应承担起来。文天祥说："国有大灾大患，不能不出身捍御。"

　　文天祥含泪开始行动了。官衔太低，他发出号召，无人响应；官衔太低，他筹措钱粮，无人响应；官衔太低，他招募兵马，无人响应。"予守章贡，首应诏,意同志者当接踵而奋,已而竟无应者。……哀哉!"文天祥欲哭无泪,看来,他只能靠自己了。

群起响应

在国家危亡之时,上层社会人士因为顾全性命和家财,畏首畏尾,不敢响应勤王;但是处于社会底层的吏民,他们本着一颗报国之心,群起而响应。他们慕文天祥之名而来。在他们看来,帮助文天祥勤王,就是帮助文天祥拯救大宋王朝。

一个叫陈继周的人来了。陈继周,淳祐三年(1243)贡士,以军功进入仕途。当过28年的州、县官,对地方管理有着非常丰富的经验。晚年居住赣州城,对赣州及周边的情况非常熟悉。起兵当天,文天祥就去拜访了他。他对文天祥详尽地介绍了赣州城"闾里豪杰子弟与凡起兵之处"的情况,特别介绍了"溪峒蛮"的情况,让文天祥特别兴奋。什么是"溪峒蛮"呢?就是散居在湘、赣、浙一带的畲族、瑶族和苗族的武装力量,若能把这一支武装力量组织起来去抗击元军,岂不是大快人心?文天祥把陈继周留在军中,后来太学生陈逢父也来到军中,一起参与军事策划和调度。

赣州一些大姓人家也纷纷响应,一时间带动

了许多人，很快就聚集了上万人。"赣州大姓，起义旅相从者，如欧阳、冠、侯等凡二十三家""洞獠江民，听命效死，至不费朝廷一钱一粒，而精甲数万，来勤于阙下"。各路义士慕名而来，追随文天祥抗元。这些人日后都成了文天祥的亲密战友和得力部将。他们是：

尹玉，江西宁都人，骁勇善战，一员猛将；

刘沐，庐陵富川人，文天祥的同窗好友，与文天祥肝胆相照；

彭震龙，江西永新人，文天祥二妹文淑孙的丈夫；

萧敬夫，江西永新人，文天祥的诗友，曾与文天祥盘桓文山，诗酒唱和；

何时，江西抚州人，与文天祥同年进士，文天祥入卫临安，他留在吉州任职，后知抚州；

张履翁，江西永新人，勤王募兵，歃血为盟。曾有亲属问他："脱不胜，如九族何？"他回答："吾世受宋恩，愿死报之，不知其他。"

金应、萧资，江西吉水人，起兵勤王后，成为文天祥幕府中的亲信、干将。

文天祥被感动了，决心舍命救国，以死表示

忠心。他在自己的战袍上绣上五个大字——舍命文天祥，以此感召更多的勤王义士效忠朝廷。朝廷闻此消息，任命他为右文殿修撰、枢密副都承旨、江西安抚副使、兼知赣州。不久朝廷又任命他兼江西提刑、集英殿修撰、江西安抚使，并催促他尽快入卫京师。

人马聚集起来了，可是没有人能够训练，也没有钱粮支撑开销，文天祥犯难了。这时，一个名叫王炎午的人前来拜见文天祥，说他有办法解决这两个难题。

王炎午，又名王鼎翁，自幼力学，专攻《春秋》，为太学生，与文天祥有交游。他建议文天祥"请购淮卒，参错戎行，以训江、广乌合之众"，以此解决第一个难题；建议文天祥"毁家产供给军饷，以倡士民助义之心"，以此解决第二个难题。文天祥觉得他讲得很有道理，便一方面招募军士训练部队，一方面带头变卖家产以供军饷。他把全家人的生计都交给了弟弟文璧。

奸相作梗

德祐元年（1275）二月，南宋王朝面临生死关头。沿江制置使、建康（今江苏南京）行宫留守赵溍弃城逃跑。宁国知府赵与可、隆兴知府吴益弃城逃走。太平州、和州、安东州主动迎降。三月初，伯颜进占建康，然后兵分四路，进攻南宋江南各地，镇江主动投降，无锡全军覆没……

朝廷已久久听不到贾似道的消息了，就把陈宜中升任枢密院知事。陈宜中本是贾似道的同党，这时为了撇清自己，主张杀掉贾似道以惩其误国之罪。但谢太后念及贾似道"勤劳三朝"，护主有功，只是罢免了贾似道的相关官职，谪为交册团练副使循州安置。在贬所途中，押解官郑虎臣百般羞辱贾似道，然而，贾似道腆颜苟活。行至漳州木棉庵，郑虎臣怒极杀之。朝中不能一日无宰相，于是朝廷任命王熵为左丞相兼枢密使，陈宜中为右丞相兼枢密使，都督诸路军马，诏张世杰总都督府诸军，并请求叛臣吕文焕、范文虎等代与元兵通和息兵。元兵断然不允，因为主动权已掌握在他们手里。滁州、常州、西海州（今江苏连云港西南）、东海州（今连云港东南）相继降元。

在元兵东进逼近临安城的时候，文天祥正在赣州积极组建勤王军队。五月，他以王辅佐为总统，领兵从赣州前往吉州。朝廷加任文天祥为权兵部侍郎，其他任职依旧。不久，文天祥在吉州会合诸郡民兵，准备入卫临安。

就在这时，他的祖母刘氏去世了，文天祥陪母亲扶灵柩回富川，并请求朝廷允许自己为祖母解官守孝。朝廷坚决不允。文天祥安葬了祖母，就接到朝廷诏令，命他留屯隆兴府，经略九江。

自三月初，王爚和陈宜中共执朝政，两人论事多有不合。王爚是南宋元老大臣，清修刚劲，做事赏罚分明，自然看不惯陈宜中那样的小人。陈宜中本就是贾似道一脉，是个政治投机家，擅玩弄权柄，自然也不喜欢王爚那样的正直。为了对抗王爚，陈宜中决定把矛头对准文天祥，借机打压王爚。于是他污蔑文天祥出言狂妄，做事乖张，这样的人怎么能入卫京师呢？

文天祥十分气愤，上书申诉称自己招募的民兵都是义兵，之所以这么快聚集在一起，是出于一腔爱国热情，是对朝廷忠诚的表现。文天祥说，希望朝廷尽快允许自己入卫京师，不要冷了抗元义士的一腔热忱，那样战斗力必会减弱。朝廷中许多正直之士也纷纷为文天祥鸣冤叫屈。然而谢太后不仅没有责察，相反还罢免了王爚的官职。

这一年七月,焦山之战大败,南宋的形势更加紧张。朝廷急令文天祥入卫京师。文天祥八月到达临安,谁知朝廷却让其去守平江府(今江苏苏州)。荒唐的决定激怒了书生的牛脾气,文天祥被彻底激怒了,他拒不上任。或许是朝廷自知理亏,或许是顾及文天祥的忠贞之心,朝廷没有责怪他,双方僵持起来了。

德祐元年(1275)十月,陈宜中拜为右相,留梦炎拜为左相,南宋朝廷更加混乱不堪。陈宜中极力怂恿谢太后与元朝议和,并升任吕师孟为兵部尚书。

文天祥忍无可忍,一气之下,领着自己的队伍开赴平江府了。

常州血战

德祐元年(1275)十月十五日,文天祥率领浙西、江西、江东三路义军共5万兵马到达平江府。十月二十五日,伯颜兵围常州,常州告急,求援的文书像雪片一样飞来。陈宜中装模作样,派张全领两千士兵援救常州。援救是假,议和投降是真,对此,张全心领神会。文天祥决定援救常州。他召集尹玉、朱华、麻士龙共商对策,大家一致认为，必须死守常州，常州一旦失守，不仅平江府难保，而且直接威胁到临安城。于是文天祥让尹玉、朱华、麻士龙率3000义军，赶往常州。

看到文天祥派兵前来支援，为了保全自己，张全竟命令麻士龙走在前面，而自己的部队留后驻扎，说是要设置埋伏。麻士龙领兵没走多远就与元兵相遇，双方血战起来。义军终因寡不敌众，很快败下阵来，即便这样，麻士龙仍毫无畏惧，挥刀冲杀，最后英勇牺牲。张全眼看大势不好，赶紧撤退到常州东南的五木。五木本是朱华率领广东兵驻扎的地方，张全退到这里以后就驻扎在大运河东，朱华驻扎在河西，两支队伍隔河相望。朱华提出赶紧修筑工事，挖战壕，设障碍，阻止元兵进攻，可是张全不同意。

元兵与朱华打在一起，渐渐地，朱华的义军处于弱势。朱华向对岸的张全求援，张全装聋作哑不发一兵一卒。为了留存一点实力，朱华只得命令撤退。在渡河时，张全竟然下令，凡是朱华的士兵，欲攀船的一律砍杀。一时间，船边血肉横飞，惨不忍睹。朱华的队伍伤亡惨重，只得继续向东退去。

这时候,尹玉率领的五百义军也在五木被元兵困住,无法向朱华靠拢。在强大的元军面前,尹玉和士兵们毫不畏惧,英勇作战,只要元军一靠近,就万箭齐发,多次打退元军。尹玉身负重伤,他把七星剑交给部下说:"请把它交给文大人,就说我没有给义军丢脸。"说完倒在血泊中。义军士兵仍然与元兵拼杀了整整一夜,仅四人脱险突围,其余的人全部壮烈牺牲。

文天祥听闻这一消息,悲愤难抑,即刻要兴兵驰援常州。可是就在这个时候,朝廷却命令文天祥移守独松关。文天祥欲哭无泪,将怒火化为诗句,挥洒在纸上:

> 山河千里在,烟火一家无。
> 壮甚睢阳守,冤哉马邑屠。
> 苍天如可问,赤子果何辜?
> 唇齿提封旧,抚膺三叹吁。

第十一章
九死南寻

兵迫临安城

德祐元年（1275）十月二十七日，常州城破，伯颜下令屠城，全城仅有7人因躲于桥坎下而幸免于难。五木之战是文天祥领导的勤王军第一次登台亮相，三位将领只有朱华生还。文天祥在《吊五木》序言中说："呜呼，使此战张全稍施援手，可以大胜捷。一夫无意，而事遂关宗社。"文天祥看得很清楚，就是因为张全贪生怕死，不施援手，才导致五木全军战败。张全的言行无异于助虏卖国。文天祥怒火中烧，但拿张全没办法，因为张全不是他都督军马的人。文天祥只能请陈宜中查办，陈宜中怎么可能查办自己人呢？张全的事只好不了了之。

朝廷命文天祥回守独松关,进驻余杭(今浙江杭州东北);命张世杰守平江府。文天祥大为惊叹,这是不懂战略啊。要张世杰赶赴平江府,这是舍近求远,恐怕还没有到,元兵就已经进城了;而平江府不保,独松关又如何守得住?无奈,文天祥只能把守护平江府的重任交给平江府通判王举之和都统王邦杰,并殷殷叮嘱。十一月二十三日,文天祥刚离开,张世杰还没赶到平江府,王举之和王邦杰就打开城门,主动降元了。

临安城里一片求和之声。十二月初四,南宋朝廷派出特使柳岳前往无锡,拜见伯颜,乞求元军班师修好。伯颜怎么会答应呢?十二月十七日,宋朝又派礼部侍郎陆秀夫、刑部侍郎夏士林和兵部侍郎吕师孟前往平江府拜见伯颜,乞求议和。伯颜仍是不答应。十二月二十四日,宋朝再派柳岳、洪震雷出使元营,向元朝乞和。伯颜还是不答应。

与一味折节求和的投降派形成鲜明对比的是一批爱国将领,他们慨然迎战,气贯长虹。

文天祥与张世杰商议:"今两淮坚壁,闽广全城,王师且众,何不与之血战?万一得捷,则磬两淮之兵以截其后,国事犹可为也。"对此,张世杰完全同意。此时，文天祥有勤王军3万人，张世杰有官军5万人，加上诸路兵马共有40万人，这就是文天祥说的"王师且众"，或可与元军决一死战。但陈宜中否决了文天祥的提议。

主张抵抗、不怕死的，还大有人在。十二月，元军进攻江西，江西制置使黄万石帐前都统米立主动应战，不幸被俘，被囚于牢狱中。制置使黄万石不仅主动降元，还出面来劝降米立说："我的官衔一张牙牌都写不下，都主动降元了，你一个小都统还抵抗什么？"米立说："我是一名小卒，不懂得大道理，但我三代食宋朝之禄，宋亡，怎能有脸活着？"给了黄万石迎头痛击。米立最终被杀害。

德祐二年（1276）正月初一，元将阿里海牙率军攻打潭州（今湖南长沙），围困潭州3个月，潭州守将李芾顽强抵抗。李芾时任湖南安抚使兼知潭州，他联合少数民族，修器械，筑工事，储粮草，积极迎战。寓居城中的知衡州尹谷先为次子举行汉族冠礼，而后自己穿上朝服，集合全家老小，一起纵火自焚，誓不降元。参议杨霆投园池而死。李芾委托部将沈忠杀死自己全家，以身殉国。沈忠哭拜后，赶回自己家中，先杀了妻子，然后赶到李芾家里，与李芾死在了一起。元军攻上城墙，发现城中的树上、水井沿儿、城墙边，到处是自缢的尸体，元军大吃一惊，惊魂难定。继潭州后，江南许多州郡如袁州（今江西宜春）、衡州、连州、永州、郴州、全州（今广西全县）、道州、武冈等相继失守。

阿里海牙攻打潭州的同时，叛将吕师夔也率兵进攻江东各地。他们攻打饶州（今江西鄱阳县），饶州守将不战而降。元军围困信州（今江西上饶），信州守将谢枋得英勇抵抗。他命前锋高呼"谢提刑来也"，冲进敌阵。后因寡不敌众，又调来部将张孝忠继续与元军鏖战。张孝忠挥舞双刀，砍杀敌人一百多人，最后身中数箭壮烈牺牲。元军打扫战场时，发现张孝忠怒睁双目，半卧在众尸之中，屹立不倒。元军十分惊骇，连连跪拜："真壮士也！"

德祐二年（1276）正月初三，元军逼近嘉兴府；知嘉兴府刘汉杰投降。兵围安吉州，守将吴国定开城门迎敌。正月初五，占领富阳。正月十六，伯颜兵进长安镇。长安镇位于临安东北。正月十七，元兵进临平镇，这里离南宋都城更近了。正月十八，伯颜兵进皋亭山。皋亭山离临安城仅 30 余里。临安城凄风苦雨，南宋王朝摇摇欲坠。

德祐元年（1275）十二月，朝廷任命文天祥签书枢密院事。德祐二年（1276）正月，又任命文天祥知临安府。临危受命，容不得文天祥有半点犹豫，他率领 2000 兵力，从余杭入卫临安。文天祥百感交集，愁思难解，写了一首《赴阙》诗：

> 楚月穿春袖，吴霜透晓鞯。
> 壮士欲填海，苦胆为忧天。
> 役役惭金注，悠悠叹瓦全。
> 丈夫竟何事？一日定千年。

在诗中，文天祥尽管内心焦苦，心急如焚，但还是希望有所作为。他说大丈夫就是要做大事，就是要做一日定乾坤的大事，他试图力挽狂澜。

德祐二年（1276）正月初二，被派往元营谈判的陆秀夫回来了，说伯颜不接受投降条件，和谈破裂。正月初五，谢太后派遣使者到元营，奉表称臣，并且给忽必烈奉上"仁明神武皇帝"的尊号，答应每年奉送白银、绢匹若干，伯颜仍不答应，因为伯颜根本就不想保留"宋朝"这个名号。看来，南宋王朝只剩下投降这一条路了。

正月初八，文天祥建议秘密迁移三宫（谢太后、德祐皇帝、全太后），自己誓死保卫临安城。这是权宜之计，万不得已的做法，但谢太后否决了此建议。张世杰也不同意文天祥的做法。正月十三，前丞相杜范的侄儿杜浒秘密拜见文天祥，表示愿意与文天祥一起抗战，他时任天台县令，召集了4000人马。文天祥十分高兴。正月十五元宵节这天，文天祥得知陈宜中准备去元营谈判，坚决反对。

正月十八，谢太后正式以德祐皇帝的名义，起草降表，签上"谢道清"三个字。降表写道："大宋国主㬎，谨百拜奉表于大元仁明神武皇帝陛下……"对忽必烈口称皇帝，卑躬屈膝，摇尾乞怜。正月十九，张世杰、刘师勇、苏刘义因不满朝廷的不战而降，各自率军离开临安。陈宜中也偷偷地逃回浙江永嘉老家。同日，谢太后任命文天祥为枢密使，中午又升任为右丞相兼枢密使、都督诸路军马，同时任命家铉翁为签书枢密院事，贾余庆为同签枢密院事兼知临安府。这一天，元军又向前推进15里，离临安城更近了。伯颜明言，只有宋朝宰相出面请降，才可考虑。谁能一挽宋朝的危局？看来只有文天祥了。历史把文天祥推到了风口浪尖。

舌战元营

德祐二年（1276）正月二十日，文天祥与左丞相吴坚、同知枢密谢堂、安抚使贾余庆、中贵官邓惟善，来到驻扎在皋亭山因明寺的元军大营，拜见伯颜商谈议和一事。用文天祥的话说，这一次来，不是商议投降，而是来试探元军虚实，试图劝说元军撤兵，并顾念临安城三宫九庙，百万生灵。所以，文天祥气宇轩昂地走进元营。但见两边的卫兵，刀枪森然，威风凛凛。众人坐定，伯颜发问，气势咄咄逼人："丞相是来商谈投降一事的吧？"

文天祥心知肚明，知道伯颜葫芦里卖的什么药。他说："讲和一段，乃前宰相首尾，非予所与知。今太皇以予为相，予不敢拜。先来军前商量。"说得很清楚，商议投降一事，是前宰相陈宜中的事，我一概不知。我朝欲拜我为宰相参与受降，我不敢接受。我此番前来，就是为商量和谈一事的。不卑不亢，有理有节。

伯颜只好顺着文天祥的话说："丞相来勾当

大事，说得是。"嚣张气焰减弱了不少。

这下轮到文天祥反问了："本朝承帝王正统，衣冠礼乐之所在。北朝欲以为国欤？欲毁其社稷欤？"意思是，我大宋朝乃是中国合法的统治机构，是个讲礼仪的文明之邦，而你蒙古国曾经臣服于宋朝，如今兴兵犯难，究竟是什么意思？是想毁灭我大宋朝吗？问得理直气壮，义正词严。

伯颜赶紧按着忽必烈诏书上的话说："社稷必不动，百姓必不杀。"

此话一说，文天祥抓住破绽，接话说："尔前后约吾使多失信，今两国丞相亲定盟好，宜退兵平江或嘉兴，俟和议情况奏议北朝，看区处如何？"文天祥在与伯颜对话的过程中，完全掌握了主动权。伯颜恼羞成怒，心想：你们是来商议投降一事的，怎么反倒质问起我来了？岂有此理！因此他同文天祥争论起来。文天祥毫无惧色，说："吾南朝状元宰相，但欠一死报国，刀锯鼎镬，非所惧也！"大义凛然，视死如归。在元营大帐里，文天祥把洽谈投降一事变成了为正义据理抗辩。伯颜无计可施，收敛笑容不说话。当时在场的元军，看见文天祥一身正气，毫无惧色，纷纷称赞文天祥为"大丈夫"。

文天祥有诗《纪事》记载此事："单骑堂堂诣虏营，古今祸福了如陈。北方相顾称男子，似谓江南尚有人。"

伯颜见文天祥不同于其他宋臣，便退下来与元军诸将商议，决定暂且扣留文天祥，放吴坚等四人回去，理由是宋朝降表中仍称小皇帝为"宋国主"，未及称臣，放四人回去，是希望他们回去改了表书再送过来。

文天祥闻之大怒，直接奔到伯颜面前怒斥："我此来为两国大事，彼皆遣归，何独留我？"伯颜笑着答道："勿怒。汝为宋大臣，责任非轻，今日之事，政当与我共之。"不管文天祥怎么说，伯颜就是不听，还将文天祥软禁了起来。

第二天，吴坚等四人带着改好的表书又返回元营，谢太后还递交了令南宋各州降元的手谕及三省、枢密院的檄文。伯颜正式接受了降表，宣告南宋王朝正式投降。受降仪式结束，文天祥惊闻贾余庆已经代替自己任右丞相了，勃然大怒，大骂贾余庆卖国求荣，苟且偷生。在骂声中，贾余庆等人登车匆匆返回，文天祥也要出门登车，却被拦了回来。文天祥痛斥伯颜身为丞相，却做出卑鄙小人的龌龊勾当，伯颜默不作声，无言以对。这时叛将吕文焕出面劝说,把文天祥拉到一边,说:"丞相息怒,等过一两天就会放你回去的。"文天祥掉转头来,劈头盖脸地骂起吕文焕。

吕文焕急了,斥问文天祥:"丞相何故骂我吕文焕是乱贼?"

文天祥说:"你身为宋朝大将,却不顾国家安危,以城降敌,连3岁小孩都骂你是乱贼,更何况是我?"

吕文焕为自己辩解道:"我困守襄阳6年,弹尽粮绝,朝廷却不来救援,这怎么能怪我呢?"

文天祥说:"弹尽粮绝,就应该以身殉国,以死报恩。你为了自己,为了妻子,既有负国家,也有负家庭,而今你居然以叛将的身份来劝我,你不是乱臣贼子是什么?"骂得吕文焕面红耳赤,羞愧难当。

伯颜对文天祥说:"文丞相心直口快,真是大男子!"前来劝降的唆都也说:"文丞相骂得吕家好。"其实,元朝对像吕文焕这样没骨气的投降派也是看不起的。他们欣赏文天祥这样忠肝义胆的勇士。所以,他们一心想要劝降文天祥,为己所用。

文天祥用诗记载了这次舌战元营的经历:

英雄未肯死前休，风起云飞不自由。

杀我混同江外去，岂无曹翰守幽州。

宋朝已经降元，朝廷解散了文天祥的勤王军。得知勤王军被解散，文天祥痛哭流涕，仰天长叹。他非常后悔没有听进手下人的劝阻——不要前来元营谈判。而今抗元唯一的资本也没有了，即便是日后能够回去，又该如何面对父老乡亲？他责备自己，"誓为天出力，疑有鬼迷魂""老马翻迷路，羝羊竟触藩""但知慷慨称男子，不料蹉跎愧故人"，为自己鲁莽出使元营，痛悔不已。他思念亲人，"恨我飞无翼，思君济有航。麒麟还共处，熊虎已何乡""思我故人兮怀我亲，怀我亲兮思故人"。不过，文天祥并没有绝望，他相信勤王军士兵只要有机会，一定会坚持抗击敌人的。他说"南国应无恙，中兴事会长""如虎如熊今固在，将军何处上金台"，他期待有一天仍然能够带领勤王军义士奋勇杀敌。

文天祥被软禁的那年的正月二十三日，伯颜进驻湖州，并派人将宋朝国玺送往元大都。正月二十四日，伯颜率领左右翼万户，大摇大摆地巡视临安城，观钱江潮，登狮子峰，南宋宗室大臣依次晋见，直到傍晚，伯颜才返回湖州。

伯颜眼见着自己劝不动文天祥,就派唆都去劝降。唆都也是屡碰钉子,便派他的属官信世昌来做文天祥的馆伴,目的还是劝降。信世昌曾做过元朝的太常丞,对宋朝有一定的感情。他向文天祥请教如何作诗,文天祥告诉他说:"比兴悠长,意在言外。"信世昌明白了,这是说写诗要有所寄托,于是他写了一首诗:"东风吹落花,残英犹恋枝。莫怨东风恶,花有再开时。"隐喻文天祥"不忘王室,而王室必中兴"。文天祥觉得信世昌有齐鲁之遗风,值得交往,遂写诗赞道:"东鲁遗黎老子孙,南方心事北方身。几多江左腰金客,便把君王作路人。"

虎口脱险

德祐二年(1276)二月初八,贾余庆、谢堂、家铉翁、刘岊四人,在临安北新桥上船,启程前往大都。吴坚因病求免,得到伯颜批准。临行时,伯颜突然要文天祥、吴坚一同北上。文天祥明白,这是害怕自己留下来,在南方成为后患。文天祥写好家书,安排好后事,准备以身殉国。家铉翁劝他暂且忍耐,等待时机。文天祥一想,有理,只要活着将来或许就有报国的机会。他决

意与元军在精神上较量一番。他写了一首《北使》,来记录此时此刻的心情:

> 初修降表我无名,不是随班拜舞人。
> 谁遣附庸祈请使,要教索虏识忠臣。

随同文天祥一同北上的还有:路分金应,总辖吕武,帐前将官余元庆,虞候张庆,亲随夏仲,账兵王青,仆夫邹健、李茂、吴亮、肖发,还有杜浒。此前,杜浒坚决反对文天祥出使元营。出使元营时,杜浒执意要跟随文丞相一同前往,他要保护文丞相。后来文天祥得以逃脱,也大半是他的功劳。

二月初十日,文天祥的船只沿着京杭大运河北上。在留宿谢村的当晚,文天祥和杜浒差一点儿就逃跑了。此前,贾余庆对铁木儿说文天祥有二心,铁木儿亲自驾船前来,派命里千户将文天祥严加看管起来。命里千户态度粗鲁,令文天祥苦不堪言。旁边人看见文丞相受此凌辱,莫不流泪。

二月十一日晚上,船泊留远亭。贾余庆和刘岊这两个跳梁小丑丑态百出,贾余庆喝得烂醉如泥,大骂宋朝精英,以此向元军献媚;刘岊则淫词浪语哄元军取乐,不堪入耳。连吕文焕都看不下去了,厌恶地说:"国家将亡,生出此等人物。"家铉翁更是深恶痛绝:"衣冠扫地,殊不可忍。"文天祥写了《留远亭二首》,记录下了这两个小人的嘴脸:

> 甘心卖国罪滔天,酒后猖狂诈作颠。
> 把酒逢迎酋虏笑,从头骂坐数时贤。
>
> 落得称呼浪子刘,樽前百媚佞游裘。
> 当年鲍老不如此,留远亭前犬也羞。

二月十四日,船到平江。这里曾是文天祥驻守的地方,那时,为了支援常州,文天祥的三位勇将热血奋战,有两位壮烈牺牲,然而作恶的坏人却得不到惩罚。想到这些,文天祥义愤填膺。如今自己作为阶下囚再临平江府,天意弄人啊!平江的一些旧官吏听说文丞相囚禁于船上,都想来看看这位爱国的忠臣,但元军不让,平江的百姓只能拥到岸边,深情地看着文丞相。文天祥百感交集,涕泪横流,写下了《平江府》:

> 楼台俯舟楫,城郭满干戈。
> 故吏归心少,遗民出涕多。

> 鸠居无鹊在，鱼网有鸿过。
> 使遂睢阳志，安危今若何？

睢阳，今河南商丘，唐代张巡、许远为阻止叛军安禄山进攻，严防死守，战至城中弹尽粮绝，将士们杀马食肉，煮树皮吃，战斗到最后。想想张巡、许远，再看看自己，文天祥悔断肝肠。

元军担心文天祥留在平江府会生变，就连夜出发，一口气赶了90里路。船过无锡，文天祥写下诗句："夜读程婴存赵事，一回惆怅一沾巾。"船过五木，这里是尹玉、麻士龙牺牲的地方，文天祥又写下"中兴须再举，寄语慰重泉"，对两位英雄充满了敬意。船过常州，文天祥似乎想起那浴血奋战的场面，感慨不已。一路向北走，文天祥万分焦急，愈往北，脱逃的机会就愈小。二月十八日，船到镇江，再往北，就意味着逃脱的可能性是零。

若要逃脱，镇江是生死一关。

元军把文天祥软禁在镇江府衙中，只住了一夜，文天祥就借故要回到船上，住在了岸边沈颐家。元军认为，文天祥几无逃脱的可能性，因此放松了看管，只有王千户监视跟随。文天祥与杜浒、余元庆等密商逃脱之事。杜浒说："事集万万幸,不幸谋泄,皆当死,死有怨乎?"文天祥指心发誓,表示"壮心万折誓东归";他还准备了一把匕首,以备万一逃跑计划失败,以死殉国。要脱逃,首先要搞到船,而今,船都被元军控制了。搞船的任务就交给杜浒了。

二月二十九日,船搞到了,文天祥决定连夜逃走。为躲过王千户和沈颐家的耳目,晚上,文天祥设法宴请沈颐,请王千户同席,把他们灌醉。就在要离开沈颐家的时候,向导老兵的妻子突然发现家里来了几个陌生人,正疑惑间,文天祥的几个随从一面与老兵的妻子周旋,一面拿出三百两银子交给老兵,老兵一看银子就心动了。

文天祥等十余人来到江边甘露寺下,却不见船只,大家都愣住了。文天祥拿出匕首正要自杀,余元庆下水去搜索船只了。时值冬日,江水奇寒,余元庆在水中摸索着走了一二里地,终于找到了船只。文天祥等人上了船,向着真州(今江苏仪征)方向进发。

当船行到七里江时,碰到了元军巡逻的船只。元兵喝问:"什么船只?"文天祥跟艄公说,是河鲀船。元兵一听大叫:"是歹船。"意思是奸细船。文天祥等十多人都捏着一把汗,心想这一次肯定逃不掉了。凑巧的是，当天夜里，江水退潮，那只元兵巡逻船搁浅了。文天祥叫艄公赶紧划船。七里江脱险后，江上刮起了顺风，艄公说这是"神道来送"。快要天亮的时候，大风停了，艄公说，这里离真州还有20里路。大家一听很着急，一是担心天亮了，会被对岸的元兵发现，二是怕元兵的巡逻船追上来，于是所有的人一起动手，有的撑篙，有的划桨，小船向着真州方向疾驶。因为退潮的原因，小船无法靠近真州城下，在离真州5里远的地方，众人下船步行。真州城下，众人一起喊道："文丞相在镇江走脱，径来投奔。"城上的将士一听是文丞相到来，赶紧打开城门，迎接文天祥进城。

真州遇险

从德祐二年（1276）正月二十日文天祥出使元营，到三月初一日到达真州，前后整整40天。40天时间，虽然不算长，但对文天祥来说，却是生死两重天。人们听说文丞相来到，纷纷前来看望，街道被围得水泄不通。

文天祥悲喜交加，他为自己的男子汉气概感到骄傲和自豪。在《真州杂赋》中，他写道：

公卿北去共低眉，世事兴亡付不知。
不是谋划全赵壁，东南哪个是男儿？

文天祥对自己出使元营，不辱使命，舌战元营，是颇为自豪的。

真州知州苗再成热情地将文天祥迎接到州府衙，安排他到清边堂居住，并命手下人对杜浒一行十几人进行仔细盘查和搜身，文天祥不仅没有生气，相反还很高兴。因为他看到苗再成的守卫是严密的、谨慎的。真州的将校听说文天祥来到，也都来看望文天祥，听说文天祥受尽磨难才得以逃脱，十分气愤，痛骂元军。苗再成向文天祥介绍了两淮的兵力情况："两淮兵力，足以复兴。惜天使李公怯不敢进；而夏老与淮东薄有嫌隙，不得合纵。得丞相来通两淮脉络，不出一月，连兵大举，先去北之在淮者，江南可传檄定也。"文天祥听后十分高兴，问苗再成有什么复兴计划："如两淮合纵，如何用兵？"苗再成说，由淮西军夏贵在建康牵制元军，由淮东军李庭芝在扬州合围瓜州和攻打镇江，使驻扎在两淮间的元军失去退路，宋军再合力将元军全歼。文天祥认为可行，这与他知平江府向朝廷提出的抗元思路基本一致。苗再成再请文天祥以丞相的名义，分别给淮东军李庭芝和淮西军夏贵写信,自己附上副帖。不仅如此,文天祥还给各州知州写信,相约复兴计划。真州将士听说文丞相准备联合各路军马,复兴抗元,都很兴奋,认为宋朝复兴的机会终于来了。

文天祥在翘首等待各方的回应时写了一首诗:

> 清边堂上老将军,南望天家雨湿巾。
> 为道两淮兵定出,相公同作歃盟人。

然而,他不知道,计划虽好,却难以实施。淮东军李庭芝与淮西军夏贵素有矛盾,他们两个不可能联合。况且,李庭芝对文天祥也不十分信任。更重要的是,他们在真州,消息闭塞,根本不知道外面的消息。淮西军夏贵早有降元的意图,当他得知朝廷已降,马上降元了。

第二天,苗再成来到文天祥的住所,看到文天祥正在整理自己的诗作。文天祥把在脱险的过程中写的诗作集合在一起,起名为《脱京口》,有《定计难》《谋人难》《踏路难》《得船难》《给北难》《定变难》《出门难》《出巷难》《出隘难》《候船难》《上江难》《得风难》《望城难》《上岸难》《入城难》共十五首,诗题中均含一个"难"

字，每一首诗前均有小序。由此可见，这一次脱险是多么惊心动魄。

苗再成从怀中取出一幅李龙眠创作的《汉苏武忠节图》，请文天祥题诗。文天祥敬佩苏武的民族气节，遥想大漠苍烟，远山如带，一个白发苍苍的老者，手拄汉节，放牧北海，心中顿时升起无限崇敬。他抚摸此图，自然是"抚卷凄凉，浩气喷发，使人慷慨激烈，有去国思君之念"，于是诗兴大发，一口气写了三首诗，这里选其一：

> 独伴羝羊海上游，相逢血泪向天流。
> 忠真已向生前定，老节须从死后休。
> 不死未论生可喜，虽生何恨死堪忧？
> 甘心卖国人何处？曾识苏公义胆不！

然而，文天祥没有想到，这里有人不相信他，而且想置他于死地。三月初三日一早，苗再成约文天祥吃完早饭，一块儿巡视城池。中午，陆都统陪同文天祥查看小西天。一会儿，王都统又带着文天祥走出城门，不知不觉，一行人走出了真州城。文天祥没感觉异样。王都统突然说："有人在扬州供得丞相不好。"说完，交给文天祥一封李庭芝写来的文书。文书中说一个叫朱七二的报告说:"有一丞相差往真州赚城。"意思是说文天祥是元军的奸细,此次前来真州是里应外合"赚取真州城"。文天祥丈二和尚摸不着头脑,完全被搞蒙了。就在他惊愕之时,陆都统、王都统已飞身上马,跑回城里,小西门城门紧闭,把文天祥一行人丢在了城外。

原来三月初二日中午,李庭芝派一个人前来真州,告知苗再成,说文天祥是元军奸细,并解释说元军看守这么森严,文天祥是不可能逃脱的,即便逃脱,也不可能带着十几个人逃脱,请苗再成杀掉文天祥。苗再成内心里并不相信文天祥是奸细,但又不敢公开违抗李庭芝,于是想出了把文天祥骗出城外的计策。

文天祥明白了,原来是李庭芝不相信他。他心寒无比。他绝想不到,自己九死十难,逃回真州,逃回宋朝的地界,竟然有人把他当作奸细!他悲愤难抑,拍打着自己的胸膛,大呼:"天乎,哀哉!"杜浒十分生气,感觉这是莫大的屈辱,接受不了,要跳河自杀。众人拉住了他。一行人面露难色,不知如何是好。城,进不得;走,城外不远处就是元军。文天祥十分迷茫,一时不知如何是好。

正在众人一筹莫展时,走来两个人,自称是两个路分,说是苗再成派来为文天祥做向导的。文天祥稍感温暖。路分问文天祥要往哪里去,文天祥说,去扬州。路分说,苗再成叮嘱说不可往扬州李庭芝处。文天祥说,往淮西夏贵处,素不相识,且淮西无归路,只能去扬州。于是路分带着文天祥赶往扬州。

没走多久,他们碰上50多名全副武装的士兵,拦住了文天祥的去路。50多名士兵要文天祥下马检查,并搜查了一行人等。士兵问:"现在要往哪里去?"文天祥说:"只能去扬州,还能去哪里?"士兵又问:"如果去扬州要杀掉文丞相,又该如何?"文天祥说:"不管,听命于他,要杀便杀。"士兵说:"我们护送你往淮西去如何?"文天祥冷笑道:"淮西的建康、太平、池州、江州都为元军控制,无路可走,不去。"过一会儿,文天祥又说:"往东去,去说服李庭芝,联合淮西军,一起抗元,复兴宋朝。"士兵说:"李庭芝不容文丞相,何不在山寨中暂且住下?"文天祥生气了,说:"你说什么?生就生,死就死,生死都在扬州城下决定!"士兵看文天祥去扬州主意已定,又说:"现在安抚使的船只就在城下,文丞相上去后，往南往北皆可。"文天祥大吃一惊："这是安抚使怀疑我呀！"他终于明白了，这些士兵是在试探自己，幸亏自己说的都是真心话，士兵才没有起疑心。文天祥把随身携带的银子赏赐给士兵和路分，准备起身。士兵说："这里到处都有元军出没，在外面行走很危险，只有走'马垛子'才比较安全。"所谓"马垛子"，就是指那些夜间用马载货去扬州贩卖的商人。这是告诉文天祥，尽量走夜路，跟随着商人行走，否则会不安全。文天祥一行人等，只好等到天黑，然后摸黑赶往扬州城。

第十二章
重整旗鼓

死里逃生

德祐二年（1276）三月初二日，文天祥一行人连夜赶路来到扬州城下。夜深人静，万物无声，他们不敢高声讲话。城西门外有一廊庙，残垣断壁，石阶荒凉，一行人疲惫不堪，倒下来就睡。梆打四更天，文天祥睡不着，欲去叫门，恐怕外乡口音引起怀疑，又退了回来，一直等到天亮。

天亮了，许多乡民等着进城，城门下渐渐地聚集了一百多人。文天祥决定进城，杜浒不同意。杜浒认为，李庭芝对文丞相绝不会信任，进城必死无疑，因此他建议去高邮，经通州（今江苏南通）去海上拜见二王，以图复国。文天祥赞同。金应不同意。金应认为城外到处都是元兵，去通州还有五六百里路程，很难绕开元兵，太冒险了，不如进城。死于扬州，是死节，总比死于元兵之手好，况且李庭芝或许不杀丞相呢。一行人意见不合，文天祥一时犹豫不定。这时，余元庆带来了一个卖柴的人。

文天祥眼前一亮，问："能够帮忙带路去高邮吗？"

卖柴人说："能。"

"何处可暂避一日？"

"我家里可以。"

"去你家里有多远？"

"二三十里。"

"有哨兵吗？"

"一天也没见到一个。"

"今天会碰到哨兵吗？"

"那就要看相公的福气了。"

文天祥决定跟着卖柴人去高邮。但杜浒和金应意见仍不统一，一行人还在争论。慌乱之中，帐前将官余元庆和李茂、吴亮、肖发四人卷着150两银子偷偷溜走了。这使文天祥备受打击。这四个人跟随文天祥出使元营，逃离镇江，一路艰辛都走过来了，没想到此刻却当了逃兵，还卷走了银两。文

天祥痛心不已,写下《至扬州》一诗:

> 问谁攫去橐中金?僮仆双双不可寻。
> 折节从今交国士,死生一片岁寒心。

寒心归寒心,还得继续赶路。文天祥查点了一下人数,加他只剩下八个人了——杜浒、金应、张庆、夏仲、吕武、王庆、邹捷,大家相互扶持,文天祥内心里有一丝感动。受此打击,文天祥渐渐体力不支,走了不一会儿就晕倒了。一行人扶起他,继续走,一直走到三月初四日拂晓。天亮了,他们走到一个叫"桂公塘"的地方,发现半山腰有一处土围子,一行人决定去那儿歇息,他们已经一昼夜没有休息,也没有进食了。

按照元兵惯例,午前派出哨兵巡逻,午后即回军营,此时已是午后了,文天祥觉得大家可以放心歇息了。正要休息,却听见土围子外面吵吵嚷嚷,探头一看,只见数千元兵走来。文天祥等人紧张得大气也不敢出,心都要跳出来了。大队元兵走过土围子,马蹄声、箭筒的撞击声、人语声清晰可闻。这时只要有一个元兵走进来,八个人就没命了。就在此时,突然刮起了一阵大风,转眼间,乌云翻滚,大雨倾盆而至。元兵只顾冒雨前进，无暇旁顾。文天祥这才松下一口气来。八个人虽被淋成了落汤鸡，内心里却是惊喜不已。

文天祥与众人约定，为了行走方便，他自称清江刘沐。一行人发现山下有一处古庙，便决定去那儿过夜。八个人尚未坐定，就进来一个手握大木棍的人，一会儿又进来三个人。文天祥又紧张起来，心想刚躲过元兵，难道又遇上土匪了？后来攀谈起来，才知道这是扬州在外打柴的樵夫。夜里，三个樵夫煮了一些粥，分给文天祥一些，一行人总算安歇下来。

三月初五日，文天祥一行人跟着樵夫赶到一个叫贾家庄的地方。文天祥用诗记录下了来到贾家庄的情况：

> 行边无鸟雀，卧处有腥臊。
> 露打须眉硬，风搜颧频高。
> 流离外颠沛，饥渴内煎熬。
> 多少偷生者，孤臣叹所遭。

日头西沉，一行人又准备赶路。走出不远，他们碰到五个宋兵，气势汹汹地挥刀就要砍人，文天祥拿出一些银子，才免遭毒手。文天祥十分气愤，写诗骂道："金钱买命方无语，何必豺狼骂北人!"这些宋兵居然比元军还可恶。文天祥一行人连夜赶了40里路,人困马乏,正要找一处歇脚,却忽然看见一队元军骑兵走过来。文天祥等人赶紧躲到路边的一处竹林,但还是被元军发现了。张庆受伤,王青被抓,金应和杜浒也被抓,后来两人用银子才换回自己。几名樵夫,有的被抓,有的逃走。文天祥等人继续艰难地往前走,后来实在走不动了,就雇了几个人抬着走。一行人终于来到了高邮城。

高邮城盘查森严,文天祥担心有变,不敢进城,就找船去泰州。船行到河中,只见河面浮尸累积,臭不可闻。原来二月初六日,元军带着原南宋工部侍郎柳岳奉表北上,走到河中,遭宋军迎头痛击。宋军是嵇家庄嵇耸率领的,嵇耸痛恨卖国求荣的柳岳,所以率军袭击了他们。这是元军自入淮以来,宋军打的唯一一次胜仗。后来文天祥在诗序中写道:"北入江淮,惟此战我师大捷。"听说文天祥来到嵇家庄,嵇耸出门迎接,设宴款待,并安排人护送文天祥到泰州。到泰州后,文天祥又赶往通州。泰州到通州有300里水路,一路上元军和土匪出没其间,文天祥一路走来,也是惊险不已。文天祥三月二十四日到达通州,通州谍报说:"镇江府走了文相公，许浦一路有元兵来捉。"这下帮了文天祥大忙，宋军终于认定文天祥不是元军奸细了。通州知州杨师亮早已得到情报，说文天祥自镇江走脱，元军3000人一路追到许浦（今江苏常熟），既如此，文天祥怎么可能是元军奸细呢？杨师亮出郊外迎接文天祥，将其接到州衙，安排吃住，招待热情周到。文天祥终于可以睡个安稳觉了，至此噩梦般的死里逃生生活宣告结束。

然而，一直跟随他的金应不幸染病去世。金应生病期间文天祥一直陪伴在身边。从文天祥起兵勤王起，金应就一直跟随他，先后受封承信郎、东南第六正将，驻扎赣州。后来，文天祥出使元营，金应又一路相护，陪伴左右，最后升任为江西兵马督监。而今复兴计划还未开始就痛失战友，文天祥痛断肝肠，为金应写了两首诗，深情怀念这位生死与共的战友：

　　　我为吾君役，乃而从主行。

　　　险夷宁异趣，休戚与同情。

　　　遇贼能无死，寻医剧不生。

　　　通州一丘土，相望泪如倾。

　　　明朝吾渡海，汝魄在他乡。

六七年华短，三千客路长。
招魂情黯黯，归骨事茫茫。
有子应年长，平生不汝忘。

在通州，文天祥一面打探二王的消息，一面把诗作编成诗集，取名为《指南录》。从出使元营到被扣留北关编为一卷，从北关出发，经吴门、昆陵、瓜州，又回到京口编为一卷，从京口脱逃，经真州、扬州、高邮、泰州到通州编为一卷，一共三卷一百余首。文天祥仿照杜甫的做法，以诗记事，以诗记史，诗前用小序作为补充。编完诗集，文天祥又补写了一篇后序，生动地再现了逃生的经过，这就是传世名文《指南录后序》：

> 呜呼！予之及于死者不知其几矣！诋大酋当死；骂逆贼当死；与贵酋处二十日，争曲直，屡当死；去京口，挟匕首以备不测，几自到死；经北舰十余里，为巡船所物色，几从鱼腹死；真州逐之城门外，几彷徨死；如扬州，过瓜洲扬子桥，竟使遇哨，无不死；扬州城下，进退不由，殆例送死；坐桂公塘土围中，骑数千过其门，几落贼手死；贾家庄几为巡徼所陵迫死；夜趋高邮，迷失

道,几陷死;质明,避哨竹林中,巡逻者数十骑,几无所逃死;至高邮,制府檄下,几以捕系死;行城子河,出入乱尸中,舟与哨相后先,几邂逅死;至海陵,如高沙,常恐无辜死;道海安、如皋,凡三百里,北与寇往来其间,无日而非可死;至通州,几以不纳死;以小舟涉鲸波,出无可奈何,而死固付之度外矣。呜呼!死生,昼夜事也。死而死矣,而境界危恶,层见错出,非人世所堪。痛定思痛,痛何如哉!

在通州,文天祥得到两个消息,好消息是益王赵昰、广王赵昺在浙江永嘉府(今浙江温州)建立了元帅府,并发布檄文,号召各路义士前来勤王,共图复兴大业;坏消息是赵㬎和全太后被元军扣押北上,行至瓜州时,李庭芝率领4万人前去夺驾,结果失败了。

文天祥决定去海上觐见二王,以图复兴宋室江山。

重整旗鼓

德祐二年(1276)正月十八日,元朝丞相伯颜进驻临安城东北部的皋亭山，益王赵昰、广王赵昺与杨淑妃在驸马都尉杨镇、杨亮节的护卫下，逃离临安。当时赵昰九岁、赵昺六岁。伯颜命叛将范文虎追截。杨淑妃的二弟杨亮节等人背负着二王，在山中整整躲了七天才逃出追捕。二王本来想逃往婺州（今浙江金华），后得知婺州已经降元，又转而投奔道州（今浙江温州，宋时又称永嘉）。

二月十一日，元朝廷下诏临安新附及各州司官民"各宜安居"，宋朝皇帝德祐、太后及大臣等均去上都觐见元帝忽必烈。三月初二日，伯颜进驻临安城。三月初十日，伯颜离开临安北归大都，带走德祐皇帝、太后和众大臣，向元帝献俘。五月十一日，元帝封德祐皇帝为瀛国公。

闰三月，二王逃到温州，陆秀夫、苏刘义等追了上来。陆秀夫等派人请回了陈宜中，召张世杰来温州江心寺觐见二王，大家一起商量对策。温州江心寺是当年宋高宗为逃避金兵的追杀而落脚的地方，这里仍保留着御座。臣子们在二王的御座前下拜，失声痛哭。他们奉赵昰为兵马督元帅，赵昺为副元帅，在温州建立了一个临时抗元的指挥部。伯颜回北方后，听说二王逃亡温州，于是命令塔出移军与李恒、吕师夔会合,追讨二王。

与此同时,文天祥与杜浒、张庆、夏仲、吕武、邹捷等六人,从通州七星港出发,走海路,去追随二王。那时,以扬子江口为界,以北的区域叫北洋,以南的地区叫南洋,本来应该直接下南洋去永嘉,但因为江口诸岛都被元军占领,所以文天祥他们要绕道北洋,再回到南洋。闰三月二十二日,文天祥来到海上,这是他第一次看见大海,他惊讶海天的空阔辽远,不由得发出"大哉,观乎"的感叹。几天后,船终于回到扬子江口,准备入海了。文天祥站立船头,手抚船舷,激动万分,吟出了那一首千古名诗《扬子江》:

> 几日随风北海游,回从扬子大江头。
> 臣心一片磁针石,不指南方不肯休。

借助诗句,文天祥再一次表达了矢志南归、万死不辞的复国雄心。"臣心一片磁针石,不指南方不肯休",既是这首诗最闪光的地方,也是文天祥《指南录》最核心的主题,也是此时此刻文天祥最真实的内心写照。文天祥的诗风,自《指南录》后为之一变,原先的清朗一变而为痛切,变为深沉，家国之痛，个人遭际，都深深地化作笔墨凝结在字里行间。

四月初一日，文天祥一行到达台州的仙岩洞。他们改名换姓，上岸拜访当地贤豪国士。没多久，他们舍舟从陆路前往温州。四月初八日，他们到达江心寺，朝拜了宋高宗的御座，在御座前，文天祥痛哭流涕。然而，文天祥来晚了一步，原来一个月前，二王觉得温州也不是久留之地，将元帅府移师福建福州了。文天祥扑空了，内心非常焦急，赶紧写信到福州。主持朝政的陈宜中派人来到温州，与文天祥一起商议益王即帝位一事，并要文天祥在温州候命。

文天祥一边等待朝廷的诏令，一边积极招募勤王义军。人们听说文天祥在永嘉，纷纷前来投奔。台州的张和孙来了，他是宋初名将张永德的后代，陈宜中、张世杰要召他，他不从，反而主动来投奔文天祥。黄岩县的牟大昌来了，他高举一面义旗，上书"大宋忠臣牟大昌，义兵今起应天祥。赤城虽已降为虏，黄山不愿为之氓"，来投奔文天祥。

五月初一日，陈宜中、张世杰等奉益王赵昰即位于福州，史称宋端宗，改年号为景炎元年

(1276)。册封杨淑妃为皇太后,垂帘听政。任命陈宜中为左丞相兼枢密使,都督诸路军马,任命李庭芝为右丞相,张世杰为枢密副使,陆秀夫为端明殿学士。远在温州的文天祥,新朝廷让他以观文殿学士侍读的身份前往福安——此时的福州已升格为福安府。这样的一个朝廷布局可想而知,不过文天祥很激动,准备赶赴福安去觐见新皇帝。

他从陆地取道自江西去觐见新皇帝。途径庐陵时,他夜宿青原寺。深夜了,灯光昏暗,文天祥夜不能寐,想起即将开展的抗元斗争,内心既激动又担心。他对朝廷的布局和抗元决心心里没底,索性起身弹起七弦琴,一边弹,一边吟:

松风一榻雨潇潇,万里封疆夜寂寥。
独坐瑶琴遣世虑,君恩犹恐壮怀销。

对前途未卜的抗元战斗,文天祥十分担忧。五月二十六日,文天祥到达福安。因李庭芝远在淮东,朝廷便任命文天祥为通议大夫、右丞相、枢密使,都督诸路军马。朝廷认为文天祥是"文武之全才",是"骨鲠魁落之英,股肱忠力之佐",称赞文天祥"仁不忧,勇不惧",能为"国忘家,公忘私"。文天祥在朝野的声望很高。他批评陈宜中"纪纲不立,权戚用事",说陈宜中向元朝乞降,国家有难时逃回温州。陈宜中很不满。文天祥又转而问张世杰现在朝廷有多少兵力,张世杰说只剩下自己的部队。文天祥叹道:"公军在此矣,朝廷大军何在?"这等于批评张世杰拥兵自重,不注意团结其他抗元力量,张世杰也很不高兴。并且张世杰、陆秀夫与陈宜中彼此之间也有很深的矛盾。由此可以想见,文天祥在这样的重重矛盾中,又该如何联合抗元力量?

文天祥在温州时,已经聚集一些抗元义士,因此他请求回温州抗元,以呼应两浙两淮的抗元力量。陈宜中出于私心,设置障碍,不同意此事。

景炎元年(1276)六月,浙东各州大部分城池落入元人之手,广州也沦陷了,只有江东、江西的部分军民还在顽强抵抗。朝廷于是改任文天祥为枢密使,都督诸路军马,并命他开同督府于南剑州(今福建南平),经略江西。七月四日,文天祥从福安出发,十三日到达。勤王兴兵的工作再一次拉开序幕。

第十三章
江西大捷

开府聚兵,民心拥护

在南剑州开府抗元,不同于前一年勤王招募义士白手起家,这一次文天祥"于时幕府选辟,皆一时名士"。有哪些人来投奔文天祥呢?除了杜浒、吕武之外,尚有:

巩信,安丰军(今安徽寿县人),荆湖老将,有勇有谋。文天祥开府南剑州,他奉命率部追随,任江西招讨使。

赵时赏,和州宗室,度宗咸淳元年进士,因抗元有功,升为军器太监。文天祥开府时,任参议军事,又任江西招讨副使。

曾凤,文天祥少年时期的恩师,后任衢州教授、国子监丞。投奔文天祥后,文天祥恩待有加，执弟子礼，不敢把恩师当作属吏看。

缪朝宗，淮人，有义气，曾在平江府跟随文天祥勤王。听说文天祥开府抗元，遂从婺州走小路赶来投奔，干练诚实，孜孜奉公。

陈龙复，泉州（今福建泉州）老儒生，入南剑州幕府时年已71岁，怀一腔爱国热情。

林琦，福建人，文天祥入卫京师时，他在萧山聚集数千义士，守卫海道，因而封官。投奔南剑州府，为人忠实，劳而不怨。

谢翱，福建长溪（今福建霞浦）人，继承祖业，专治《春秋》。入府抗元，"率乡兵数百人赴难"。

曾良孺、曾明孺兄弟，文天祥的表弟，曾良孺曾任永丰县令，智勇超人。文天祥把他们兄弟俩看作是唐朝的秦琼和尉迟敬德。二人跟随文天祥勤王抗元。

文天祥在南剑州，一面招募义士抗元，一面部署攻取江西。他派杜浒前往温州、台州，派吕武前往江淮，目的是北上联合两浙、两淮的抗元力量，共同北进，以图收复失去的国土。但他只是一厢情愿。七月，抗元战局突发变化，李庭芝据守扬州，因粮道被阿术绝断，正不知如何是好，朝廷命他去护卫福安。于是李庭芝领7000精兵，准备从海路去福安，刚走到泰州，扬州的守将朱焕即弃城迎降，这等于抄了李庭芝的后路。骁将姜才奋勇抵抗，但背部疽痈发作，疼痛难忍，不敌被俘。两位偏将开门投降。李庭芝投池自尽未遂，与姜才一起被俘后遭到杀害。文天祥对姜才之死高度评价，"淮东猛将，扬州前后主战，皆其人也。及泰州破，被执，虏爱其才勇，啖以官爵，不肯降，骂诸负国者。临刑，含血以喷，骂虏不绝口。其英风义烈，淮人言之，无不伤叹"。连敌人都赞其义勇。文天祥不禁写诗赞道：

屹然强寇敌，古人重守边。
惜哉功名忤，死亦垂千年。

扬州沦陷，宋朝抗元形势急剧恶化。扬州破，真州苗再成战死。其后，通州、滁州、高邮、处州、温州相继降元。通往福建的门户彻底洞开，南宋小朝廷看着又保不住了，所以，朝廷急命文天祥移师福建汀州，以阻挡元兵南下。八月，宋朝命王积翁为福建提刑，守闽北三州；命黄恮知漳州，守闽南三州；十月命文天祥移师汀州，守闽西大门。

汀州地处崇山峻岭，山林茂密，易守难攻。文天祥守汀州，仍然以守为攻，取进攻态势。他命参谋赵时尚率军前往宁都，以图从元军手中夺回县城。命参赞吴浚攻取雩都（今江西于都），剑指赣州城，并派唐仁作为内应，派陈子敬控制赣江下游的口岸，一面断绝赣州的水路，一面接应吴浚。命武冈军教授罗开礼夺取吉州永丰县。文天祥希望在江西打开一个缺口，以扭转宋廷在江西抗元的被动局面。

文天祥的安排好则好矣，但不现实，因为他孤悬一线。十一月十四日，元军阿剌罕部攻取了建宁府（今福建建瓯）、邵武军，知南剑州王积翁看到元军一来就投降了。听闻南剑州降元，陈宜中、张世杰赶紧准备海船，带着景炎帝逃跑。在海上他们遇到了元军的舟师，幸好海上大雾，元军没有发现他们，这才逃过一劫。本来南宋行朝拥有正规军17万，义兵30万，淮兵1万，加起来48万人，完全可以与元军决一死战，但陈宜中无心抗战，一心只想逃跑。二王前脚一走，元军后脚就占领了福安府。南宋行朝只得逃往泉州。

行朝一走，将士们抗元的决心受到极大动摇。东南抗元防线土崩瓦解。文天祥的江西攻略也受到影响。攻打宁都的赵时尚失利返回。罗开礼攻打永丰县失利被俘。杜浒、吕武也战事失利辗转在返回途中。参赞吴浚降元,还返回来劝降,文天祥怒不可遏,在众军面前斩杀了他。

景炎二年(1277)元月,元军攻占汀州。文天祥组织抵抗事宜,但是汀州守将黄去疾听说小皇帝逃往海上,遂拥兵降元。文天祥一看大势已去,赶紧带领队伍匆匆撤离汀州,将同督府迁往漳州龙岩。

开府抗元,出师不利,文天祥十分苦闷,而且抗元形势发生剧变,也令他十分担忧。还好,在汀州时,有一件事让他开心,这就是他少年时期的好友、原赣州勤王军的部将刘沐率部前来投奔。老友重逢,文天祥悲喜交加,当即吟诗一首《呈小村》:

> 万里飘零命羽轻,归来喜有故人迎。
> 雷潜九地声元在,月暗千山魄再明。
> 疑是仓公回已死,恍如羊祜说前生。
> 夜阑相对成真梦,清酒浩歌双剑横。

仓公,汉初名医淳于意,据说他有起死回生之术。晋人干宝《搜神记》载,羊祜5岁时,告诉他乳母说，有一金环藏于邻人李氏桑树中，其母让人去挖，果然挖出。李氏悲之，时人异之。这首诗是说文天祥与刘沐相见，简直像做梦一样，有隔世之感。同时文天祥也希望刘沐能同他一起抗元，"清酒浩歌"。

翻越梅岭，收复江西

景炎元年（1276）十一月，南宋小皇帝赵昰逃到泉州，停泊在港口，等着招抚使蒲寿庚前来谒见。蒲寿庚，阿拉伯籍商人，因击退海盗有功，被宋朝任命为泉州舶司。看到南宋即将沦亡，蒲寿庚早有异心。他寄居泉州30年，有钱有势，是个中国通，因此有人建议张世杰留住蒲寿庚，为行朝来往海上提供方便。张世杰不听，看到行朝在海上漂泊，船只不够用，就扣留了蒲寿庚的船只，而且没收了蒲寿庚的财产。如此一来，蒲寿庚大怒，率兵杀死了行朝宗室3000多人和淮兵，无奈，陈宜中只得带着幼帝逃往潮州。

就在南宋小王朝南逃的时候，元朝看中了文天祥的才华、能力、人品和忠心，对他展开了招降工作。他们先是派唆都、阿剌罕、董文炳做工作，再指使宋朝叛将李珏、王积翁派淮军特使罗

辉前去招降。文天祥没有杀罗辉,而是让他带了一封回信,信中说:

> 天祥皇恐,奉复制使、都承、侍郎。天祥至汀后,即建(指建宁)、福(指福州)以次沦失。朝廷养士三百年,无死节者。……坐孤城中,势力穷屈,泛观宇宙,无一可为,身负吾平生之志。三年不见老母,灯前一夕,自汀移屯至龙岩,间道得与老母相见,即下先从帝游,复何云。唆都相公去年馆伴,用情甚深,常念之不忘,故回书复遣罗辉来,永诀,永诀!
>
> 正月日天祥书

在信里文天祥谴责那些投降派,不顾国家安危一味对元朝摇尾乞怜,消极抗元,使自己陷入孤军奋战的境地。如今自己只有以身殉国,先尽孝,去见老母一面,再尽忠,为国捐躯。文天祥早已想到死了,但宁死不屈,誓不变节。

文天祥来到龙岩后,迅速在汀州和漳州之间招募到一万兵力。文天祥知道,赣州是自己的大本营,那里有他深厚的根基,也蕴藏着巨大的抗元潜力,所以他要深入江西去组织抗元力量。而且江西南部山多水多，不利于元军骑兵作战，却便于宋军与元兵周旋。此时，北方高丽谋反，忽必烈命阿术回兵前去镇压，蒙古和平王发动叛乱，忽必烈命伯颜前去围剿。各路元军大量北撤，这时候正是出兵收复江西的最佳时机。文天祥迅速出兵攻打梅州（今广东梅县），迅即占领了梅州。陈瓒也起兵收复了兴化，福建、广东的抗元形势顿时出现了转机。

景炎二年（1277）三月，文天祥占领梅州后，他的大弟文璧带着母亲、幼弟文璋、二妹文淑孙前来梅州与他会合，同来的还有文天祥的妻妾和子女。一家人在兵荒马乱的逃亡中，颠沛流离，死伤无定。文天祥的小女儿定娘、寿娘都不幸夭折，文天祥痛心不已。他为两个早亡的女儿写了一首诗，记述自己的痛苦：

　　痴女饥咬我，郁没一悲魂。
　　不得收骨肉，痛哭苍烟根。

小女不幸死了，连尸骨都无法收殓，文天祥欲哭无泪。

景炎二年（1277）五月，文天祥率同督府军开赴江西，正式拉开了收复江西的序幕。为整肃军纪，临行前，他断然斩杀了无视军规军纪的钱汉英、王福二将，起到了震慑军队的作用。

这时，发生了一件不幸的事——吕武被冤杀。吕武，是文天祥出生入死的一位好兄弟，江西太平人，曾随同文天祥出使元营，历经艰险。后来，文天祥派他去南剑州府，交结江淮豪士，共同抗元。淮东沦陷，他带领队伍辗转流离，终于回到汀州、梅州。之后，他为同督府招募义士，出战江西，立下了汗马功劳。这样一位英勇无畏的义士，怎么会被冤杀呢？文天祥说，吕武"其人劲烈，面折人，触忌讳不避。然忠鲠，人皆服之"，又说他"挺身寇寨，化贼为兵"。最后谈到吕武的死，说"以无礼于士大夫，遭横逆死，死之日，一军为流涕"。由此可以看出，吕武因为忠鲠直率，可能是得罪了朝廷中的某位高官，而遭冤死。但是这位高官，文天祥不便明说。吕武冤死的时候，全军痛哭。

五月间，文天祥翻越梅岭，进入赣南。翻越梅岭时，文天祥豪情万丈，激动不已，在马背上吟诗一首：

> 去年伤北使，今日叹南驰。
> 云湿山如动，天低雨欲垂。

> 征夫行未已，游子去何之？
> 正好王师出，崆峒麦熟时。

文天祥对即将拉开战幕的江西收复战充满了必胜的信心。

同督府军士气高昂，作战勇敢，很快就收复了会昌县（今江西会昌）。元军失去了会昌，派重兵把守雩都。六月三日，文天祥又攻占了雩都。紧接着，文天祥又进攻兴国，于六月二十一日收复兴国，建同督府于兴国县。雩都大捷和兴国开府，群情振奋，人们仿佛看到了收复失土的希望，许多人前来与文天祥会合，与他共同经略江西。

文天祥的大妹夫来了。大妹文懿孙支持丈夫与哥哥一起抗元。她说："吾兄破家殉国，君奚以妻子介怀？"并取出自己的金银首饰充作军费，可见其多么深明大义。

在吉州永新县，文天祥的二妹夫也来了。二妹夫曾在赣州与文天祥一起兴兵勤王。如今，他联络湖南各峒豪杰，再图义举。文天祥收复会昌后，他联合其他义士，一起收复了永新县。

在吉州太和县，针工刘士昭与乡人同谋收复太和。太和平民胡文可、胡文静兄弟俩，散尽家财,招募义兵,响应文天祥。文天祥写诗赞道:"剑戟挥挥过赣城,勤王又会数千兵。丹心一寸坚如铁,矢石前头定不惊。"

在吉州万安县,有一僧人起兵勤王,号称"降魔军"。在抚州,何时起兵响应文天祥。文天祥收复江西时,何时率军收复了崇仁县(今江西崇仁)。在袁州(今江西宜春),刘伯文起兵响应。文天祥收复兴国时,刘伯文带着队伍投奔文天祥。

文天祥在江西的大捷,影响到了长江以北、淮西、湖北、广东和湖南等地,义士们备受鼓舞,积极响应。淮军张德兴与刘源先后收复了兴国军、寿昌军,攻下了黄州,并在樊口打败了元宣慰使郑鼎。湖南的张虎在宝庆府(今湖南邵阳)起兵抗元,攻取了新化、安化、宁乡、湘潭各地。福建的张世杰率兵攻打蒲寿庚,畲族女英雄积极响应,吓得蒲寿庚紧闭城门,不敢出战。赣州是赣南最大的城市,在战略地位上举足轻重。七月,文天祥派督谋张汴监军,率领赵时尚、赵孟荣等进攻赣州。当时,赣州已处在包围之中,周围的许多州郡都已被收复,如吉州八县、洪州、瑞州、袁州等，赣州实际上已处于孤立之中。如果拿下赣州，整个江西就能形成席卷包围之势，而且能与后方的福建和广东连成一片。

文天祥之所以能够取得江西大捷，是有多方面原因的。一方面元军主力北撤，客观上造成了元军前线兵力薄弱，这为文天祥兴兵反击提供了机会；另一方面，文天祥懂军事，懂作战，智勇双全，擅长下围棋，懂得排兵布阵，他曾自创了四十局的围棋棋谱，足以见得他在整体作战布局时的战略智慧。当然也离不开江西、湖南、福建和广东的许多抗元力量的积极配合，这些力量平时处于各自为战的状态，难以形成气候，因为文天祥声望高，现在他振臂一呼，响应者云集。

随着元军平定内乱之后，大部分元军又重返前线，抗元的形势又迅速恶化。文天祥抱定了视死如归的决心，他要"生无以救国难，死犹为厉鬼以击贼"。他写了一首诗，名《赣州》以明志：

崆峒杀气黑，洒血暗郊垌。
哀笳晓幽咽，石壁断空青。

第十四章
南岭被俘

空坑受挫

景炎二年(1277)七月,正当文天祥取得江西大捷,围攻赣州的时候,灭宋战事屡屡失利的消息传至元朝,忽必烈十分震惊。他急忙做出决定,设立江西行中书省,专门负责江西的事宜,命塔出为右丞、麦书丁为左丞,以李恒、蒲寿庚、程鹏飞为参知政事,在隆兴府统一部署兵力,然后又命令李恒率领大军南下,直扑位于兴国的文天祥。李恒,原西夏国主之后,从小在蒙古军中长大,熟悉作战谋略,因对宋军作战时有功升为左副督元帅。此人有勇有谋,深知文天祥的情况,做出了对文天祥两面夹击的安排,一面派大军攻打赣州的张汴、永丰的邹渢、太和的黎贵达各部，这是文天祥的主力，阻止他们回防兴国，首尾不能相顾；一面亲自率领精兵突袭文天祥的兴国大营。

八月十五日，李恒的精锐部队突然杀到兴国，文天祥猝不及防，战斗失利，他只得带着同督府一些官员和少数兵力转移到太和一带。太和县钟步村，有一个叫袁德亨的人，自幼好学，讲义气，与文天祥友善。得知文天祥到来，袁德亨十分高兴，遂以家产助饷文天祥。黎贵达所部一千多人听说文天祥转移至太和，赶来接应。不料，黎贵达遭遇李恒铁骑的迎面打击。袁德亨的队伍缺少正规训练，此时跟在黎贵达的后面。元兵一面紧咬黎部缠斗，一面分兵绕到后面，对袁德亨的民兵发动攻击。袁德亨部溃不成军，两相夹击下黎贵达也战败了。太和县失守，文天祥又往永丰转移，但他还不知道，永丰也失利了，赣州的张汴在元军的强大攻势下，也失利了。

文天祥一路撤退，李恒一路穷追，终于在庐陵的方石岭遭遇了。方石岭有一个隘口，易守难攻，有万夫莫开之称，文天祥命都统巩信率领十几名士兵顽强守护。宋军和元兵短兵相接。巩信虽身负重伤，仍亲刃元兵十几人。李恒见巩信以寡敌众却毫无惧色，遂怀疑山中有埋伏，不敢轻易前进。李恒命令弓箭手射杀巩信，谁知巩信倚石屹立不倒，李恒更加怀疑山中有埋伏。李恒命人绕到山后，从后面进攻，发现山中根本没人，走近一看，巩信身中数十箭，早已阵亡。巩信的顽强抵抗，为文天祥的逃走赢得了时间。文天祥后来写成《巩宣使信》一首，肯定巩信的大义："壮士血相视，斯人已云亡。哀哀失木狄，夜深经战场。"

文天祥一行，有官员，有家人，有老百姓，再加上山路难行，自然行动缓慢。八月二十七日，文天祥到达永丰县一个叫空坑的地方，遂驻扎下来。文天祥住在一个叫陈师韩的人家。连日的奔波，一行人疲惫不堪，倒地就睡。文天祥安顿好一家人以后，身穿祭服，准备为死去的战友祭奠。此时他已得知，驻守永丰的邹沨失利了；罗开礼在战斗中被俘，在吉州的监狱中被杀害。文天祥仰望长空，夜不能寐。岂料他们刚刚歇息了一会儿，元兵就追到空坑。文天祥要传令抵抗，陈师韩却拉着他奔小道疾行，将他送出了山寨。元兵冲进村寨，大声喝问："文天祥在哪里？"自然无人应答。元兵遂对山寨进行了一场血腥的屠杀。

文天祥连夜逃出空坑,没走多远,五百督帐卫兵赶到,他们按照文天祥的部署,刚设好路障,元兵就赶到了。夜里,起雾了,宋兵与元兵杀作一团。宋兵眼看着就要被打败了,忽然从山上滚下一块巨石,一下子挡住了元兵的追赶之路。等元兵绕过巨石,文天祥他们已经不见踪影了。

《庐陵县志》载:"相石在空坑,文天祥兵败走兴国,元兵追至,忽巨石自坠塞道,追者遂退。后人筑亭于旁,名曰'相石'。"

天明时分,大雾更浓,元兵又追了上来。情急之中,南剑州通判赵时尚装扮成文天祥,坐上了轿子,并命人抬着快走。元兵抓住了赵时尚。问:"轿中何人?"赵时尚答:"姓文。"元兵以为是文天祥,遂送到李恒跟前。李恒不认识文天祥,遂严加审问,赵时尚一口咬定自己就是文天祥。在元兵的淫威之下,有人禁不住威吓,说:"此赵通判时尚也。"李恒大怒,下令将赵时尚押解到隆兴府听候处置。

赵时尚舍生取义,为文天祥争取了时间。宋兵护卫着文天祥且战且走。几个打散的卫兵跑到了文天祥夫人欧阳氏的身边,欧阳夫人欲问文天祥安危如何,元兵已经赶到面前了。欧阳夫人与文天祥的次子佛生、次女柳娘、三女环娘、佛生的生母黄氏、环娘的生母颜氏,均被元兵俘虏。一行人被元兵押解着,欲送往元朝大都。欧阳氏几次要跳崖、投水,均被元兵制止住了。

空坑受挫,文天祥的心也被挫败了。不仅妻妾被虏,而且儿女也被俘。那些曾经一起行勤王义举的战友,更是伤亡惨重。

赵时尚,为同督府参议官,是文天祥的左膀右臂,曾官至军器监、江西招讨副使。为阻止元兵追赶文天祥,他舍生取义,以假乱真,为文天祥的撤退赢得了宝贵时间。赵时尚被押送隆兴府后,看到不断有同督府的将官被抓来,就对元兵说:"小小签厅官耳,执此何为?"保护了许多将官。后来他的做法被元兵识破了,赵时尚骂不绝口,遂被元兵残忍杀害。

刘沐,文天祥的督帐亲卫,空坑溃败时,他不顾个人安危,竭力护卫文天祥,后被俘送至隆兴府。元兵对他诱降,被他骂了个狗血喷头,遂被磔死。他的长子、次子,均战死在空坑。他的四子亦死于国难,三子被文天祥收养,后也战死于广东。父子四人,都为国捐躯。

张汴,赣州的守将,曾官至秘阁修撰、广东提举。空坑溃败时,他换了一身士兵的衣服,躲在乱草丛中,试图躲过搜捕,最终被乱兵发现并杀死。

邹㲟,因收复兴国、永丰有功,由江西安抚使升为兵部侍郎兼江东、江西处置副使。永丰失利后,他率残部继续与元兵周旋作战,虽屡受创,仍不肯退却。

杜浒,景炎帝即位后,封他为司农卿、广东提举、招讨副使,是文天祥同督府的参谋官。空坑失败后,他继续追随着文天祥。

萧资,文天祥幕府的书吏,为人厚道、忠诚。元兵占领江西后,他护送文天祥的母亲去广东,后又护送其来梅州见文天祥。空坑失败后,他护卫着同督府的大印,成为文天祥身边最亲近的人之一。

文天祥为这些患难与共的战友写了许多诗,以此来悼念他们,这里选一首《哭刘沐》:

> 王翰愿卜邻,嵇康不得死。
> 落月满屋梁,悲风为我起。

战斗还在继续。李恒派叛将刘槃进攻江西永新。文天祥的二妹夫彭震龙及萧敬夫、萧焘夫兄弟俩死死守着，刘槃久攻不下。后有人献计，刘槃派亲信去城里策反张履翁做内应，城破。元兵捉住了彭震龙、萧敬夫、萧焘夫。彭震龙大骂刘槃是卖国贼，是无耻小人，被刘槃腰斩。萧敬夫兄弟俩也同时遇害。文天祥的大妹夫孙桌在家乡龙泉顽强抵抗。元兵多日不克，后由于叛徒出卖，孙桌被俘，被押解到隆兴府杀害。江淮、荆湖、广东等地响应文天祥的义军，在元军强大的攻势下，也相继战败、失利，收复的许多州县复被元军侵占，将领吴希奭、王梦应、赵璠、熊桂等，或被俘被杀，或战死，或继续顽强抵抗，皆不成气候。

从四月到八月，文天祥率部翻越梅岭进入江西，攻取会昌，收复兴国，建同督府军，取得了江西大捷，打了一个抗元收复失地的漂亮仗。紧接着，文天祥仓促应战，丢兴国，失永丰，一路撤退，于空坑溃不成军。当一个朝廷从内部已经溃烂，蛆虫寄生，这个朝廷注定要被历史所淘汰。对此，文天祥或许是有清醒认识的。

就在四个月前，文天祥一家人还其乐融融。

转眼间,妻离子散,家破人亡。文天祥身边只剩下老母、长子道生、女儿监娘和奉娘。即便这样,文天祥仍没有倒下,他为一种理想、信念而活着。文天祥说,"如精钢之百炼而弥坚,如朝宗之水万折而必东",这个时候,文天祥心中的"朝宗"和"必东"又是哪里呢?还是那个南宋小朝廷吗?或许是,或许更多意义上是他自己做人的一种节操,是一种顽强的意志和信念。一年前,他在《指南录后序》中说:"所谓誓不与贼俱生,所谓鞠躬尽力,死而后已,亦义也。"文天祥要为一口气而活着,这口气就是"义"。

南岭被俘

景炎二年(1277)八月,文天祥空坑战败,收拢残兵,继续抗战。他们"收散兵复入汀,而南剑、建宁、邵武多有归正者,诸畬族军皆骚动"。队伍又壮大起来。十一月,文天祥甩开敌人追捕,进入循州(今广东龙川)。入冬后,又进入南岭(今广东紫金县东南),并于此屯兵。文天祥困屯山中,消息不通,感到抗元形势一片渺茫。

就在文天祥取得江西大捷时,南宋小朝廷于七月逃至广东潮州的浅湾(今广东饶平南澳岛)。

这时，张世杰见元兵撤回了主力，又带兵去攻打泉州的蒲寿庚，报一箭之仇。汀州、漳州的农民义军陈吊眼和畲族女英雄带兵合围。蒲寿庚自知实力有限，缩在城里死活不应战。战斗僵持了两个月。后来元兵反扑，张世杰才撤兵回到潮州。

元帝忽必烈没有停下追赶南宋小朝廷的脚步。他命左丞相塔出与李恒、吕师夔率步兵进入大庾岭，命忙兀台、唆都、蒲寿庚、刘深以舟师下海追捕，水陆并进广东。十月十一日，元兵到达兴化，陈瓒闭城坚守，顽强抵抗。唆都下令造云梯、炮石，攻破兴化城，陈瓒被俘，被车裂而死。十月十三日，元兵杀到建阳，许多人都躲到山中，城中所剩无几。十一月，塔出命唆都取道泉州，从海路去广东官富场（今深圳宝安），会师吕师夔。十一月初五日，塔出合围广州，广东制置使张镇以城降元。同月，刘深率兵攻打浅湾，张世杰出战失利，带着小皇帝逃到秀山（今广东珠江虎头山）。陈宜中身为左丞相兼枢密使，都督诸路军马，临阵脱逃——他看到抗元斗争难以取得实质性的胜利，遂抛弃小皇帝，逃往占城（今越南），据传后来死在暹罗（今泰国）。十二月二十二日，赵昰、张世杰逃到井澳，在海上遇到一场大风，船只沉没，死伤大半。年幼的赵昰吓得生了重病。还未来得及喘一口气，刘深率领的元兵又攻至井澳，仓皇中，张世杰带着幼帝逃到珠江口外的谢女峡。经过一个多月的东躲西藏，南宋行朝于景炎三年（1278）二月回到广州，而此时的广州早被元兵占领，南宋行朝艰难的处境可想而知。三月，行朝又向硇洲（今广东湛江硇洲岛）迁移。

此时，文天祥屯兵南岭，消息不通，只能自保。山中的居住条件很差，白天潮气重，夜晚蚊虫叮咬，不能入睡，渐渐地，有些官兵心生异志。曾经在太和县跟随文天祥抗元的黎贵达，密谋叛变，被文天祥及时发现。为稳定军心，文天祥毅然将黎贵达斩首。文天祥在南岭度过了艰难的冬天，景炎三年（1278）二月，他走出南岭，进军惠州海丰县，三月屯兵丽江铺（今广东海丰县西南长沙港）。文天祥继续打探行朝的下落。与此同时，南宋小朝廷派出使者到达元大都，商议招降一事。忽必烈命塔出回大都商量此事，留唆都、蒲寿庚负责福建沿海事宜，元朝对宋朝的进攻有所松动。宋军都统凌震、王道夫乘机夺回了广州，文天祥也乘机收复了惠州，潮州、循州、梅州也反元归宋。

南宋行朝进驻硇洲后不久，弹尽粮绝，不能久留，于六月七日转移到新会的崖山。五月间，文天祥得知小皇帝赵㬎病死，谥庙号为"端宗"，8岁的赵昺即位，改年号为祥兴，杨太后继续垂帘听政，张世杰实际上掌握着行朝的军政大权。皇帝一死，军心民心动摇，许多人认为这是南宋朝廷不祥的预兆，纷纷出逃寻找生路。此刻，陆秀夫站了出来，他说："度宗皇帝一子尚在，将焉置之？古人有一旅一成中兴者，今百官有司皆是，士卒数万，天若未欲绝宋，此岂不可为国邪？"朝廷任命陆秀夫为左丞相，护卫幼主。

六月，文天祥将同督府移至海滨的船澳，奏请入觐皇帝。但张世杰不许。张世杰一向拥兵自重，与文天祥素有矛盾，他害怕德高望重的文天祥入朝后自己权力失重，所以百般阻挠。陈宜中提拔的一些官员，害怕文天祥的威严，也阻挠文天祥入朝。朝廷给文天祥下诏嘉奖，诏令说：

> 才非盘错，不足以别利器；时非板荡，不足以识忠臣。昔闻斯言，乃见今日。卿早以魁彦，受知穆陵（理宗），历事四朝，始终一节。虏氛正恶，鞠旅勤王；皇路已倾，

捐躯殉国。脱险机于虎口,涉远道于鲸波。去桀就汤,可观伊尹之任;归周避纣,咸喜伯夷之来。方先皇侧席以需贤,乃累疏请身而督战,精神鼓动,意气慷慨。以匈奴未灭为心,弃家弗顾;当王事靡监之日,将母成行。忠孝两全,神明对越。

诏令回顾了文天祥耿直忠节的一生,既肯定了他的义节,又肯定了他的担当,对文天祥忠孝两全的品格做出了高度评价。这份诏令是陆秀夫草拟的,陆秀夫对文天祥一向心仪,钦佩文天祥的气节,欣赏文天祥的才情。文天祥请求朝廷为杜浒、邹洬、赵孟荣、陈龙复等抗元忠臣提拔封官,朝廷正是用人之际,便一一答应了。八月,行朝加封张世杰为越国公,为了安慰文天祥,加封文天祥为少保、信国公,并封其母为齐魏国夫人,同督府官员一一加官晋爵。但就是不允许文天祥入朝觐见。文天祥一再表达入朝觐见的愿望,但张世杰就是不答应。文天祥写信给陆秀夫说:"天子幼冲,宰相荒遁,制诏敕令,出诸公之口,岂得不惜军士,以游词相拒?"陆秀夫帮不上忙,说不上话,只能同情长叹。

文天祥去不了崖山,只得困于船澳。不幸的

是，他母亲曾德慈染病，文天祥一面安排文璋服侍汤药，一面通知在惠州的文璧迅速赶到。然而，未等文璧赶到，母亲就于九月初七日与世长辞了。安排完母亲入殓，文天祥、文璧照例要离职守孝的，但战争形势吃紧，朝廷不许他们离职，还加任文璧为户部尚书，其他职任照旧。在船澳无所作为，文天祥决定兵发潮阳，期待在潮阳"以立中兴之本，以吾国之莒、即墨也"，以图再兴。因文天祥要去潮阳，母亲的灵柩只能由文璧、文璋、文淑孙、文道生护送回乡。

忽必烈命张弘范为汉军都元帅，赐张弘范尚方宝剑，可专决军事，先斩后奏；命李恒为副元帅，命塔出留后，负责军需，再发兵两万。十月，元兵数路并进。张弘范的舟师从海上袭击漳州、潮州、惠州，潮州知州陈懿不战而降。李恒率步兵翻越梅岭，袭击广州。

十一月，文天祥到达潮阳境内。路过潮阳县东三里的东山时，文天祥专门去拜谒了唐朝爱国将领张巡、许远的"双忠庙"，填《沁园春》词一首：

> 为子死孝，为臣死忠，死又何妨？自光岳气分，士无全节，君臣义缺，谁负刚肠？

骂贼睢阳，爱君许远，留得声名万古香。后来者，无二公之操，百炼之钢。　　人生翕歘云亡，好轰轰烈烈做一场。使当时卖国，甘心降虏，受人唾骂，安得留芳？古庙幽沉，仪容俨雅，枯木寒鸦几夕阳。邮亭下，有奸雄过此，仔细思量。

拜谒时，文天祥捧酒于前，高声说道："若有灵，当以乘马献。"后人立碑纪念，题曰"文马庙"。

驻守潮阳的时候，文天祥登临潮阳以南海门的莲花峰。莲花峰直立陡峭，其形状若一簇莲花，挺立在海边。站在上面，可观南海景象，可听南海波涛。文天祥心潮澎湃，热泪长流。他不由得想到了自己这一生，虽然为宋朝肝脑涂地，但每每不被理解，甚至还遭误解、污蔑，就在此时，有人竟为自己的一点私利，不顾国家安危，始终不许自己入朝觐见，这实在是叫人伤心啊！

丧母之痛还未过去，文天祥再遭丧子之痛！十一月初九日，道生病死于惠州文璧府衙中，年仅13岁。道生是文天祥的嫡长子，自幼聪明懂事、乖巧机灵，为祖母所钟爱，而今祖母一走，他竟也走了。文天祥怎不悲痛？文天祥给长子写诗道:"大儿聪明到,青岁已催颓。回风吹独树,吾宁舍一哀。"空坑战败时,佛生已亡,如今长子再失,对文天祥而言,不仅是巨大的悲痛,而且是无后的悲哀。文天祥含泪给文璧写信,希望文璧将文升过继给自己为子,以接其后,文璧爽快地答应了。

文天祥驻守潮阳时,邹沨和刘子俊从江西带数千兵力来到潮阳,以助其一臂之力,文天祥喜出望外。空坑溃败后,邹沨在江西继续抗元。他联络了溪峒一批义士,但散兵游勇,不成气候,所以他带着队伍投奔文天祥来了。刘子俊在洞源收拢了一批散兵,游击作战,曾被元军击溃。他没有气馁,又重新聚集起一批人,后与邹沨会师,两人一商量,决定一起投奔潮阳。

十二月十五日,文天祥截获被大风吹至岸边的元军战船,俘虏元兵20余人。从俘虏口中文天祥得知,元将张弘范已兵分两路,向南宋行朝大兵压境而来,形势十分危急,文天祥马上命人送情报给行朝。

十二月二十日,同督府军在海丰北面的五坡岭埋锅造饭,准备积蓄力量再行打算,但他们没想到元兵会来得这么快。当时,文天祥正准备吃饭,突然看见山上冒出许多人,问其左右,皆曰捕鹿的人。文天祥心想:该不是张弘范的人吧,可他们不该来得这么快啊!正疑惑间,元兵加快了进逼的速度,文天祥意识到事态不好,正要起身号令,一队人马已闯入帐中。文天祥抓住元兵的刀剑求死,被千户黄惟义扑上来抓住。文天祥又从怀里掏出二两脑子(龙脑香、冰片)一口吞下,想自杀殉国。文天祥觉得天旋地转,昏厥过去,被扑上来的几个元兵抬上马押走了。原来是叛将陈懿暗中与元军勾结,使得文天祥被俘。

文天祥被抓,邹㳖几次前去营救,都没法靠近。见营救无望,邹㳖誓不降房,拔剑自刎,被部下拦住,十天后伤发而亡。陈龙复也被抓,坚贞不屈,被元兵杀害,时年73岁。萧资此时正在患病,也被抓住杀害。文天祥的两个小女儿监娘和奉娘死于乱兵之中。同督府军当时完全没有防备,被元兵打了个措手不及,元兵对同督府军进行了血腥屠杀,文天祥的部队全军覆没。

崖山观战

祥兴元年(1278)十二月二十日,文天祥在海丰县五坡岭被俘,战役惨败。明代学者王世贞说，文天祥九死一生，逃到福建后迅速组织义军，很快收复了江西的失地。兴国败走后，他又迅速在广东组织抗元力量，其号召力、军事领导力堪比韩信和白起。困在五坡岭，已死伤过半，兵又被大疫，战败被俘，这是败之不败，虽败犹荣。文天祥后来在狱中写道："自国难后，行府白手起家，辗转患难，东南跋涉万余里，事不幸不济，然臣子尽心焉尔矣。成败天也，独奈何哉？"看来，他对自己的惨败是有一定认识的。

渐渐地，文天祥在马背上苏醒过来。二两脑子服下，文天祥不仅没死，反而引起腹泻，治愈了十多天以来的眼疾。据李时珍记载，服用脑子不足以致命，历史上文天祥服用脑子求死，不得死，只有廖莹中（南宋藏书家，与贾似道交好）服用后又饮用热酒，遂九窍流血而死。文天祥被押解着往前走，忽然前面走来一队元兵，声称也抓到了文天祥，两个文天祥一时真假难辨。其实这是刘子俊，空坑失败后，他假扮文天祥，以假乱真，意图保护文丞相。他没想到文天祥真的被抓了。二人都被押解到张弘正的大营，都大骂元军，速求一死。张弘正通过文天祥的手下识破了真假，便拿刘子俊出气，用滚烫的油锅活活烹死了刘子俊。

七天之后,文天祥被押送到张弘范的大营。进得帐中,左右要文天祥下跪,文天祥说:"我当年见伯颜、阿术都不会下跪,今天见到张元帅我也不会下跪。"

左右非常吃惊:"见到元帅,哪有不下跪的道理?"

文天祥说:"我宁死也不会下跪。"

左右吵嚷着要杀掉文天祥,文天祥说:"死,是最小的事。大丈夫岂有怕死的?"

张弘范也不敢杀文天祥,因为元帝忽必烈想要劝降,为己所用。元帝要张弘范押解文天祥北上大都。张弘范曾在临安城的皋亭山领教过文天祥的英雄气概,深知文天祥的刚正和义节,因此知道强逼无用,只好以礼相待。他说,文丞相是"忠义人也",亲自下令松绑,对文天祥彬彬有礼地说:"文丞相请坐,我们来谈点正事。"文天祥说:"要杀便杀,没什么好说的。"张弘范说:"我并不想杀你。"文天祥说:"那你是想利用我来成就你爱才惜才的名声,我告诉你,办不到。""想死,没那么容易。"张弘范有点不耐烦了。文天祥大声训斥张弘范:"张弘范,你也是一个汉人,也是一个饱读诗书的人,居然毫无廉耻,叛国附贼,你将来如何去面见你的列祖列宗!"二人的谈话不欢而散。

张弘范,河北定兴人,是元朝名将张柔的第九个儿子,自小就深受儒教的熏陶,尊祖训,习孔礼,渐渐养成"恭则不侮,宽则得众,信则人任焉,敏则有功,惠则足以使人"的品质,浙东归降后,对士兵爱惜有加。州县降元,他没有按照蒙古人的做法屠城,而是抓住几个为首的人杀掉了事,他心中存有善念。他曾在一首诗中,对战争屠戮生灵、对江南儿女的无辜牺牲表示出悲痛之情。诗云:"磨剑剑石石鼎裂,饮马长江江水竭。我军百万战袍红,尽是江南儿女血。"

祥兴二年(1279)正月初六,张弘范兵发潮阳。文天祥被扣押在船上一同随行。十二日,船过零丁洋。零丁洋,也称作伶仃洋,位于广东中山市南的珠江口,北起虎门,南达港澳,是珠江最大的喇叭形河口,其水域分南北两部分,北边称作内零丁,南部称作外零丁。想到此去崖山,事关南宋朝廷的存亡,又看到零丁洋这一地名,便想起赣江中的惶恐滩,一时间家仇国恨、个人遭际一起涌上心头。文天祥提笔写下《过零丁洋》:

辛苦遭逢起一经，干戈寥落四周星。
山河破碎风飘絮，身世浮沉雨打萍。
惶恐滩头说惶恐，零丁洋里叹零丁。
人生自古谁无死？留取丹心照汗青。

这是一首泣血之作，是一首黄钟大吕之作，忠魂铸骨，铁血丹心。著名学者钱钟书对此诗评价道："自《指南录》以后，与初集格力相去殊远，志益愤而气益壮，诗不琢而日工。"是说文天祥的诗作，在《指南录》前较为平庸，而自《指南录》之后，不仅自然而工，而且气壮山河，忠愤感人。

　　崖山，位于广东新会县以南数十里，是海湾间一个三面环江、一面临海的洲岛。与崖山隔江相望的是银洲湖、汤瓶山，从海上望去，恰似两山送出一片湖水，山口恰似一个山门。张世杰认为这地方易守难攻，于是在山上建起了30间行宫、3000间军舍。他说"以为此天险可扼以自固，始不复思转徙了"，以为守住崖山就万无一失了。文天祥看见宋军舟师桅樯如林，旌旗遮天蔽日，俨然将此地打造成一座铜墙铁壁的城池，很高兴，也很担心。高兴的是，宋朝还有如此强大的军队，完全可以凭借一战，一招制胜，全面翻盘。担忧的是,张世杰似乎仍然采取的是保守战略。文天祥分析道:"行朝有船千余艘,内大船极多。张元帅大小船五百,而二百舟失道,久而不至。北人乍登舟,呕晕,执弓矢不支持,又水道生疏,舟工进退失据。"宋朝完全可以凭借兵力和地形优势,一战翻盘。文天祥又说:"北船皆闽浙水手,其心莫不欲南向。若南船摧锋直前,闽浙水手在北舟中必为变,则有尽歼之理。"文天祥似乎看到了取胜的希望。然而,张世杰不像他那么想,没有"摧锋直前",而是采取保守战法。

张世杰、张弘范本是燕赵同乡。张世杰曾在张弘范父亲张柔的手下当兵,因屡获战功而升为高级将领。张弘范自幼饱读兵书,喜马善射,作战有勇有谋,是一员骁将。他们二人交过手,襄樊之战,张世杰驰援襄樊有功,而最后破城正是采纳了张弘范的"一字城"战略。所谓"一字城",就是将襄阳和樊城两座城池活生生地拆开,使其不能联合,不能并肩作战,城遂破。从两人交手来看,张弘范的战略战术略胜一筹。

张世杰的战略思想就是以守为攻,心存侥幸。他说:"幸而胜,国之福也;不胜,犹可西走。"还未开始打,就想好了退路,说明不是决一死战的作战思路。德祐元年(1275)七月,焦山大战,张世杰用铁索把战船十艘连为一方,导致上万艘战船被火攻而落得惨败。如今他仍然用这个老办法,把上千艘战船悉数连在一起,用缆绳系结,作一字横排在海面,不过吸取了前次教训,他在船体周身都涂满了泥巴。整个船队看上去如楼栅,铜墙铁壁一般,很是壮观。这恰恰是文天祥担忧的地方。文天祥说:"行朝依山作一字阵,绑缚不可复动,于是不可以攻人,而专受攻矣。"

崖山北面水浅,元军舟师不能前进,张弘范只得由南向北从海上发动进攻。但张世杰的船舰连成一片,元军找不到突破口。张弘范采取火攻,张世杰吸取焦山大战的教训,早已想好了破解火攻的办法,宋船周身涂满了泥巴,张弘范奈何不得。强攻不成,张弘范决定诱降。当时元军中有一个人是张世杰的外甥,元军让其去劝说张世杰投降。张世杰不为所动,此人三次去,都被张世杰痛骂返回。张世杰说:"吾知降,生且富贵,但为主死不移耳!"其坚贞态度可见一斑。正月十五日,张弘范要一名李姓副帅去劝说文天祥,让文天祥写信给张世杰。文天祥冷笑道:"我自救父母不得,乃教人背父母可乎?"于是把正月十二日写的《过零丁洋》交给李姓副帅,"请把这个交给张元帅吧。"张弘范读到《过零丁洋》时,连声感叹:"好人!好诗!"对文天祥愈加佩服。

强攻不成,诱降不成,张弘范决定采取封锁战略。在南面,他占领出海口,阻断宋军的退路,防止宋军从海上突围;在北面,他切绝宋军的樵汲之路,断绝宋军的粮草,这一下宋军被困在海上不能动弹了。正月二十二日,李恒赶到崖山北面,与张弘范会合,元军力量更强大了。宋军困在船上不能动弹,每天只能吃干粮、喝海水。海水咸苦,人喝多了就会呕吐,宋军将士体力耗损严重。

二月初一日,张世杰的部将陈宝降元。初二日,都统张达夜袭元兵,失败而归。文天祥坐在舟中看得真切,因此十分着急,可干着急却帮不上忙,这种滋味真比死还难受。现在文天祥终于明白为什么张弘范要押解着他坐船观战了,他们是想用这种极其残忍的方式摧毁文天祥的意志,从而达到招降的目的。可是文天祥岂是那样容易摧垮的？文天祥在《怀赵清逸》中写道："崖海真何地，驱来坐战场。家人半分合，国事决存亡。一死不足道，百忧何可当？"一个人连死都不怕，又有什么不可战胜呢？

二月初六日，决战的时刻到了。张弘范兵分四路，从北、东、西三面进攻宋军主力，自己则守在南面出海口，等待时机截击张世杰。那一天，天气恶劣，阴风怒号，风雨交加。战斗打响了，张弘范命令部队从北面发动进攻，宋军顽强抵抗，海面上杀声震天。打了一会儿，张弘范命令鸣金收兵，元军掉头就走，宋军以为将元军打败了，纷纷欢呼。张世杰手举酒杯，斜眼看着元兵撤退，觉得张弘范也不过如此。其实，他不知道，元军要等到涨潮时再发动进攻。

不一会儿，张弘范的帅船上竟响起了鼓乐声，宋军以为元军要举行宴会，于是都松懈下来。这时，元军突然疯狂地反扑过来。张世杰指挥官兵仓促应战，急令向元军发射箭矢，可是那些箭矢纷纷落在元军的船篷上，对元军毫无杀伤力。张弘范又命令东西两支部队向宋军发动进攻，炮石纷纷砸向宋船，宋军伤亡惨重。经过这一轮密集的炮石打击，元军渐渐取得主动权，宋军疲惫不堪，伤亡大半。张世杰一看形势不好，下令砍断缆绳，向中央靠拢。部将翟国秀、团练使刘俊借机投降了。宋军的旗幡纷纷落下，崖山战役宋军被彻底打败了。张世杰指挥十余艘战船护卫着杨太后逃到崖山出海口，发现小皇帝不在，又命人回去接驾。

时近傍晚，海上升起大雾，守护小皇帝赵昺的陆秀夫见有人要登御船，大雾中，敌我莫辨，陆秀夫不敢掉以轻心，不让来人靠近御船，要誓死保卫小皇帝。在元军的重重包围中，即便是张世杰派人接驾，恐怕也逃不出去。陆秀夫做出了一个惊天地泣鬼神的决定——他要抱着帝昺跳海殉国。陆秀夫拿着利剑，逼迫自己的妻子儿女一个个跳进大海，然后自己穿上朝服，帮吓得哭哭啼啼的小皇帝整理好皇冠龙袍，然后含着眼泪说："国事至此，陛下当为国死。德祐皇帝辱已甚，陛下不可再辱。"说完，他将传国玉玺系在小皇帝身上，又用素白的绸带将自己与小皇帝捆在一起，义无反顾地跳进了波涛汹涌的大海。陆秀夫时年44岁。

皇帝投海自尽的消息一传开，数万名眷属、臣僚、将士也纷纷跳海自尽。除了张世杰带领十几艘战船逃出去以外,近千艘战船悉数被元军所获。张世杰见去接驾的船只没回来,知道凶多吉少,于是决定突围。张世杰逃到螺岛(今广东阳江海陵岛),遭遇海上大风,张世杰仰天长叹:"我为赵氏,亦已至矣。一君亡,复立一君,今又亡。我未死者,庶几敌兵退,别立赵氏以存祀耳。今若此,岂天意耶!"这时一阵大风袭来,张世杰堕水溺死。文天祥、陆秀夫、张世杰,人称"宋末三杰"。张世杰之死,尽管文天祥痛心不已,但还是客观、中肯地评价了他的功过。文天祥说:"世杰得士卒云,每言北方不可信,故无降志。闽之再造,实赖其功。然其人无远志,拥重兵厚资,未务远遁,卒以丧败。"

战斗结束后的第七天,海面上漂起浮尸10万多具。元兵打捞浮财时,见一小孩尸体,穿着黄衣,身系国玺,就解下国玺,送到张弘范处。张弘范知道这是从南宋小皇帝赵昺身上解下来的,急忙命令打捞尸体,可是尸体已经不知漂流到哪里去了。张弘范将小皇帝赵昺已死的消息迅速上奏元帝。

张弘范认为自己功不可没,遂命人勒石记功,上书"镇国大将军张弘范灭宋于此"。明朝嘉靖年间，督学陈垲磨平了这块巨石，改刻为"宋少帝及其臣陆秀夫死国于此"，以此纪念陆秀夫这位具有民族气节的大英雄。

第十五章
明志北上

诀别故乡兮,故乡日远

崖山一战,南宋丧亡。元世祖至元十六年(1279),文天祥被张弘范押解到广州。五坡岭被俘,文天祥服用脑子自杀,药力不到,未死成。崖山观战,看到张世杰惨败,文天祥几次跳海,都被元兵拉住了,未死成。"千古艰难惟一死,伤心岂独息夫人?"文天祥唯求一死,以死明志。

三月十四日,张弘范在广州设宴款待诸将,特别邀请文天祥出席,企图进一步诱降。张弘范说:"国亡矣,忠孝之事尽矣。丞相改心易虑,以事大宋者事大元,大元贤相非丞相而谁?"文天祥流着眼泪说:"国亡不能救,为人臣者死有余罪,况敢逃其死而贰其心乎?"张弘范仍不死心,又说:"国亡,即死谁复书之?"文天祥从容答道:"商亡,而夷、齐不食周粟,亦自尽其心耳,岂论书与不书?"张弘范无话可说。几日后,派往大都送奏章的使者回到广州,带来了元帝指令——"谁家无忠臣之叹",元帝对文天祥的忠肝义胆很是欣赏,要张弘范护送文天祥到大都。

文天祥想到即将北上,离开家乡,离开故国,不禁悲从中来,提笔写了一首长诗《言志》,告诫自己,绝不变节。"一死鸿毛或泰山,之轻之重安所处。以身殉道不苟生,道在光明照千古。平生读书为谁事?临难何忧复何惧?"文天祥对即将到来的生死考验,做好了心理准备。

在广州待命的几天,文天祥格外想念亲人。他给惠州的大弟文璧写信,《寄惠州弟》一诗抒发了其思念之情:

> 五十年兄弟,一朝生别离。
> 雁行长已矣,马足何远之?
> 葬骨知无地,论心更有谁?
> 亲丧君自尽,犹子是吾儿。

满腹的心酸和悲痛,无处诉说。有一天,杜浒突然来访,文天祥喜泪纵横。原来,崖山之战杜浒被俘虏,押解到广州。杜浒饱经忧患,又贫病交加,已经不成人形了。文天祥见到他后,伤心不已。不久,文天祥听说杜浒病死在狱中。文天祥热泪长流,连声哀叹:"呜呼,可谓义士!"出使元营时,杜浒主动请随;江西失利后,杜浒不忘跋涉;空坑失败后,杜浒忠劳备尽;一直到崖山一战,杜浒一直是文天祥的生死之交,文天祥与之有骨肉之情啊!如今这样一位好兄弟病死在狱中,文天祥怎能不热泪长流……

听说文天祥要被押解到大都,许多人都赶来看望文天祥,他们想送一送这位好丞相。文璧从惠州赶来与哥哥道别。文璧天性诚实,为人厚道,对哥哥非常敬重。当哥哥要诀别亲人远上元都时,文璧再一次承诺将儿子文升过继给文天祥,给哥哥一点念想。文天祥后来集杜诗说:"兄弟分离苦,凄凉忆去年""不见江东弟,急难心惘然"。前同督府将佐徐榛也从惠州赶来。徐榛五坡岭兵败后,侥幸脱险,逃到惠州,这次来请求陪同文丞相前往大都。文天祥答应了。

四月二十日,张弘范派都镇抚石嵩押送文天祥去大都,同行的有元将囊家歹,还有崖山被俘的礼部侍郎兼权直学士院邓光荐。邓光荐,文天祥的庐陵同乡，白鹭洲书院的同学，同师欧阳守道，但平时来往不多。他于宋理宗景定三年（1262）中进士，度宗朝升为礼部侍郎。德祐元年（1275），因元兵入侵江西，他逃难到福建，兵荒马乱中，妻子、四儿、四女、三妾等12人均被元兵烧死。后随驾到崖山，兵败时他投海殉国后被元兵救起，押解到广州。有邓光荐一路同行，文天祥略感欣慰，文天祥说："万里论心晚，相看慰乱离。"两个人互相慰藉，可以不寂寞了。文天祥对邓光荐很信任，曾把《指南录》抄赠一份给邓光荐保存。

离开广州当晚，文天祥宿于越王台的树林中。他写下一首《出广州第一宿》，诗云：

> 越王台下路，搔首叹萍踪。
> 城古都招水，山高易得风。
> 鼓声残雨后，塔影暮林中。
> 一样连营火，山同河不同。

亡国的忧愤寄于其中，感慨良深。

文天祥一行从广州出发，一路北上，经英德、韶州，翻越梅岭，进入江西，五月二十五日到达南安军（今江西大庾）。南安军是一座英雄的城池，元丞相塔出曾久攻不下，感叹说："城如碟子大，人心乃尔硬耶！"江西沦陷后，守将李梓发率军顽强抵抗两年零四十多天，直到崖山战败才被破城。李梓发一家自焚而死，誓不降元。全城同仇敌忾，直到流尽最后一滴血。如今文天祥走到这里，怎能不感慨良多？他写道：

> 梅花南北路，风雨湿征衣。
> 出岭谁同出，归乡如不归。
> 山河千古在，城郭一时非。
> 饿死真吾志，梦中行采薇。

文天祥要学伯夷、叔齐，不食周粟，饿死在家乡。石嵩有些惊慌，江西是文天祥的家乡，勤王兵的大本营，不可掉以轻心，他与囊家歹商量，决定将文天祥锁在船舱中，改走水路到赣州。正好，文天祥准备从第二天开始绝食，计划一到吉州就殉节。他安排孙礼带着他写的《告先太师墓文》，去父亲文仪的坟前诵读焚化，并约定在吉州复命。文天祥知道，人如果不饮食，七天就会饿死，他已算好此行会在第六天到达吉州。文天祥放下船舱中的窗帘，开始静静地等待死亡。

五月二十八日，船到赣州。这里曾经是文天祥起兵勤王的地方，"满城风雨送凄凉，三四年前此战场",往事真是不堪回首啊。不过,文天祥相信人心不死,事业犹存。他写道:"江山不改人心在,宇宙方来事会长。"

原本计划六月初二日到达吉州,由于顺风顺水,六月初一日船就到吉州了。文天祥焦急地等待着孙礼的消息。孙礼没有出现,突然有一个叫王幼孙的人来拜见,文天祥赶紧请他进来。王幼孙,庐陵义士,急公好义,敢于承担,文天祥中状元的那一年,他独自跑到京城上万言书,没被理睬,遂转回家乡教书。他听说文天祥战死,就为文天祥写了一篇祭文,在家里设灵位祭拜。现在听说文天祥船过庐陵,即赶来相见。他献上祭文诵道:"公心烈烈,上陋千古,谓山可平,谓天可补。奋身直前,努力撑拄,千周万折,千辛万苦。初何所为,教臣以忠,策名委质,视此高风。"这是一篇生祭文,听得文天祥热泪盈眶。

还有一个叫张弘毅的人来访。张弘毅,文天祥的好朋友,文天祥曾请他出来做官,他没同意。如今文天祥被押解北上,他竟请求同往,可谓肝胆相照。文天祥含泪答应了。此后,张弘毅就一直留在文天祥身边,照顾文天祥的起居和饮食。

文天祥此时已经绝食六天。船过吉州,文天

祥仰天长叹:"皇纲解纽地维折,妾妇偷生自为贼。英雄扼腕怒须赤,贯日血忠死穷北。首阳风流落南国,正气未亡人未息。青原万丈光赫赫,大江东去日夜白。"第二天,文天祥突然发现孙礼在另一只船上,原来石嵩根本没让孙礼下船,而是将他囚在另一条船上。六月四日,船过临江,文天祥已绝食八天,还没饿死。文天祥突然决定不绝食了,如果他饿死在他乡,岂不是落得个不明不白?还不如寻找机会,像上次镇江那样得以逃脱呢!文天祥说:"余虽不食,未见其殆。众以饮食交相逼迫,予念既过乡州,已失初望,委命荒滨,立节不白,且闻暂止金陵郡,出坎之会,或者有隙自天,未可知也。遂复饮食,勉徇众情。"他开始吃饭了。

六月初五日,文天祥一行到达江西隆兴府(今江西南昌)。听说文天祥到了隆兴,老百姓涌向两岸,来看望这位大英雄。文天祥十分感动。这是他第四次路过这里。邓光荐说:"观者如堵,北人有骇其英毅者,曰'诸葛军师也'!"有许多元人也来观看,看到文天祥英武不凡,赞叹不已,认为是诸葛亮再世。其时,文天祥绝食后刚进食,面容憔悴,形销骨立,但目光如电,英气逼人，让人不能不生出敬畏。晚上，文天祥夜不能寐，想到白天万众拥戴的场面，想到自己身为囚徒，有负隆兴百姓之心，诗情涌动心头："谁怜龟鹤千年语，空负鹏鲲万里心。无限故人帘雨扑，夜深如有广陵音。"

船离隆兴府，向鄱阳湖进发，经过南康军（今江西星子县），文天祥遥望庐山，写下一首词《酹江月·南康军和东坡》：

> 庐山依旧，凄凉处、无限江南风物。空翠晴岚浮汗漫，还障天东半壁。雁过孤峰，猿归危嶂，风急波翻雪。乾坤未歇，地灵尚有人杰。　　堪嗟漂泊孤舟，河倾斗落，客梦催明发。南浦闲云连草树，回首旌旗明灭。三十年来，十年一过，空有星星发。夜深愁听，胡笳吹彻寒月。

天亮后，船队穿过鄱阳湖，出湖口，进入长江航道，从此，文天祥就要诀别故乡了。这一晚，文天祥觉得，夜原来是那么漫长。

回首故国兮，故国情深

元世祖至元十六年（1279）六月五日，文天祥告别家乡，继续北进。很快，船队过了池州，到达鲁港。鲁港这个地名引起了文天祥的注意。德祐元年（1275）二月，伯颜率大军进攻临安，贾似道率13万精兵抵御，但因贾似道消极抵抗，结果造成宋军大败，贾似道逃亡扬州，由此宋军节节败退。文天祥愤怒地写下《鲁港》一诗，谴责贾似道求和卖国之举：

> 方夸金坞筑，岂料玉床摇。
> 国体真三代，江流旧六朝。
> 鞭投能几日？瓦解不崇朝。
> 千古燕山恨，西风卷怒潮。

六月十二日，船队到达建康（今江苏南京）。因为长途跋涉，船队需要休整，石嵩和囊家歹商量后决定，在建康做长时间休整。稍后，为了防止再发生"镇江逃脱事件"，张弘范也赶到了建康，一起商量行程安排和防范措施。因此，文天祥得以在建康驻留两个月又十二天。

建康本是六朝古都，建筑高耸，市井繁华，如今竟满城荒草，遍地凄凉。文天祥好生伤感，写了两首《金陵驿》诗，这里选一首：

> 草合离宫转斜晖，孤云飘泊复何依。

山河风景元无异，城郭人民半已非。

满地芦花和我老，旧家燕子傍谁飞？

从今别却江南路，化作啼鹃带血归。

文天祥被安排在建康驿馆中，邓光荐与他同住，两人诗酒唱和，倒也快乐。文天祥把同邓光荐自广州相见以来写的诗篇，包括自己唱和的编成一本诗集，取名为《东海集》。之所以要为邓光荐编诗集，文天祥说："为后之览者，因诗以见吾二人之志，其有感于斯。"为什么取名《东海集》呢？文天祥说："鲁仲连天下士，友人之意也。"因为鲁仲连是邓光荐崇敬的人。文天祥取名为《东海集》，也表明了自己的志向，他要像鲁仲连那样，宁可蹈东海而死，也绝不帝秦（誓不降元）。

在建康期间，文天祥伺机逃脱，功夫不负有心人，他与江淮义士取得了联系，并商量了行动计划。后来建康脱逃计划流产。文天祥写信给文璧说，在建康"居七十余日，果有忠义人约夺我于江上，盖真州境也。及期失约，怅然北行，道中求死，无其间矣"。

八月二十四日，文天祥离开建康，向扬州进发。邓光荐抱病前来送行，填《念奴娇》词一阙，文天祥步韵和词，两人互相道别。八月二十七日，文天祥到真州（今江苏仪征）。看到船只在真州一闪而过，文天祥感叹道："山川如识我，故旧更无人。"因为害怕宋人在真州劫持文天祥，石嵩没敢在真州停留，当天赶往扬州。他们在扬州只住了一夜，因担心生变，又赶紧启程赶路了。

过扬州、高邮、宝应，船队于九月初一日到达淮安军（今江苏淮安）。渡过长江，因脱离了南宋原来的领地，石嵩和囊家歹就没有那么紧张了，囊家歹要执行自己的任务，就把押送文天祥的重任交给石嵩了。到了淮安，文天祥写下《过淮河宿阙石有感》："北征垂半年，依依只南土。今晨渡淮河，始觉非故宇。"诗句沉郁悲切，读之让人断肠。

过了淮河，队伍就改走陆路了。眼前所见，满目疮痍，一片荒芜，文天祥说："烟火无一家，荒草青漫漫。"九月初七日，队伍从邳州前往徐州，这一天也是文天祥母亲的忌日。他想到"母尝教我忠，我不违母志。及泉会相见，鬼神共欢喜"，不禁失声痛哭。

九月二十日，文天祥渡过滹沱河，到达河间府（今河北沧州河间市）。文天祥在这里竟意外地遇见了家铉翁。家铉翁，曾官至户部侍郎，赐进士出身。元兵攻取临安时，丞相吴坚、贾余庆要家铉翁献城投降，家铉翁没有答应。三年前，家铉翁随"祈使团"一同被押往大都，开始他试图劝说元帝保存赵宋社稷，后见无望，就坚拒仕元，几次绝食求死而不得。元廷无奈，只得把家铉翁安置在河间府，让他开馆收徒，讲授儒家经义。没想到在他乡遇故知，两个人都惊喜交加。文天祥为家铉翁写诗三首，以嘉奖其志勇，其中一首道："空有丹心贯碧霄，泮冰亡国不崇朝。小臣万死无遗慨，曾见天家十八朝。"

一路北行，一路写诗思考，文天祥还仿照杜甫《同谷七歌》的做法，也用诗记录下这一路上的悲苦和屈辱的历程，以诗存史，以诗明志。他一共写了六首，统一取名为《六歌》，用这些诗来表达对亲人的思念，来记录遭际的变迁。如第一首：

> 有妻有妻出糟糠，自少结发不下堂。
> 乱离中道逢虎狼，凤飞翩翩失其凰。
> 将雏一二去何方？岂料国破家亦亡。
> 不忍舍君罗襦裳，天长地久终茫茫。
> 牛女夜夜遥相望，呜呼一歌兮歌正长。
> 悲风北来起彷徨。

在这首诗中,文天祥谴责了元军对南宋王朝的入侵,表达了对妻子儿女的牵挂。诗风别具一格,极具抒情性。再如第六首,是文天祥写给自己的:

> 我生我生何不辰?孤根不识桃李春。
> 天寒日短重愁人,北风随我铁马尘。
> 初怜骨肉钟奇祸,而今骨肉更怜我。
> 汝在北兮婴我怀,我死谁当收我骸?
> 人生百年何丑好,黄粱得丧俱草草。
> 呜呼六歌兮勿复道,出门一笑天地老。

文天祥自元世祖至元十六年(1279)四月二十二日从广州出发,历经158天,先水路,后陆路,过家乡,走北地,艰难苦恨,吟诗明志,于十月初一日,抵达元朝京城大都。

第十六章
铁血囚徒

宁折不弯,誓不降元

元世祖至元十六年(1279)十月初一,文天祥被押解到元大都,车马在会同馆停了下来。元兵下车交涉,馆人拒不接待,理由是会同馆只接待投降的宋朝官员,而文天祥是犯人。

第二天,馆人对文天祥的态度来了个180度的大转弯,不仅饮食十分讲究,而且待如上宾。据说这是元丞相孛罗的吩咐。文天祥知道,这是要劝降自己了,对此,他做好了充分准备。是夜,他身穿宋朝官服,不吃元朝饮食,面南而坐,直到天亮。

果然不出文天祥所料,劝降的攻势是一波高过一波。首先出面的是留梦炎。留梦炎,也是宋朝的状元宰相,而且还是文天祥参加省试时的座师,因临阵脱逃,卖国求荣,被文天祥所不齿。他来劝降还不是自找没趣?文天祥把他痛骂了一顿,留梦炎灰溜溜地回去了。文天祥赋诗一首《或为人赋》:

> 悠悠成败百年中,笑看柯山局未终。
> 金马胜游成旧雨,铜驼遗恨付东风。
> 黑头尔自夸江总,冷齿人能说褚公。
> 龙首黄扉真一梦,梦回何面见江东。

文天祥在诗中,把留梦炎比作是南朝时的江总和褚渊,讽刺留梦炎没有骨气。

第二个出面的是赵㬎。赵㬎,南宋德祐皇帝,德祐二年(1276)与全太后一起被押解到大都。赵㬎时年9岁,被削去帝号,封为瀛国公。一个小皇帝来劝降能说些什么呢?但因为他的身份是宋朝皇帝,孛罗心想:你文天祥不是讲忠孝吗?看你怎么对待自己的国君!这一招够狠的。文天祥恭恭敬敬地把赵㬎请到上位坐着,自己面北朝拜。还没容赵㬎开口,文天祥就痛哭流涕地说:"乞回圣驾,乞回圣驾!"意思是请赵㬎回去。一个小孩子,本来也不会说话,看到文天祥一个劲儿地请他回去，就快快地回去了。

李罗还不死心。第三个出面的是元朝平章政事阿合马。阿合马因善于理财被忽必烈看重。他权倾朝野，颐指气使，派头十足。他带着一帮人呼啦啦地来到驿馆，传令文天祥前来问话。

文天祥出来作揖，然后在对面落座，态度不卑不亢。

阿合马平时见到的宋朝官员，都是低眉顺眼的，没想到文天祥居然不把自己放在眼里，于是厉声喝问道："知道我是谁吗？"

文天祥不紧不慢地说："刚才听人说，知道是宰相要来。"

阿合马说："既然知道我的身份，为何见到我还不下跪？"

文天祥说："南朝宰相见北朝宰相，为何要下跪？"

阿合马见自己没有占上风，有些气急，冷笑道："你为何会来到这里啊？"

文天祥厉声说："我们南宋朝如果早一日用我为相，则北朝不可南，南朝不可北。"大义凛然，气壮山河。

阿合马一时语塞只得说："你的生死掌握在

我手上。"

文天祥闻听此话，竟笑起来了，事到如今，他最不怕的事情就是死。他说："亡国之人，要杀便杀，什么生死由不得你！"

阿合马灰溜溜地走了。

十月初四日，张弘范建议元帝，说文天祥意志坚定，劝降可能毫无作用，只能让他在身体上吃苦头，用摧毁他的身体的办法来摧毁他的意志。元朝接受了张弘范的建议。十月初五日，文天祥被押解到兵马司监狱（今北京东城区府学胡同），套上木枷，捆住双手，投入土牢。关了整整一个月后，十一月初五日，枢密院下令提审文天祥。可是文天祥被带到枢密院时，却不见元廷官员露脸。接连四天都是如此。文天祥不知道，这又是元廷用的一计，他们想用这种办法告诉文天祥，元朝的大官，不是说见就能见的。十一月初九日，文天祥再一次被带到枢密院。

文天祥走进大堂，只见场面十分严肃，正中坐着孛罗和平章政事张弘范，另有院判、院签等官员。出于礼节，文天祥长长地做了一个揖，然后端端正正地站立在堂中。左右喊道："下跪，下跪！"

文天祥说:"南朝行揖,就是北朝下跪,我已经礼毕,为何要下跪?"

孛罗气急败坏,命左右上去按住文天祥,逼其下跪,大堂上一片混乱。文天祥索性坐在地上不起来,看孛罗怎么办。

文天祥冷笑道:"你们这样做就是施刑法了,哪里还有礼节?"孛罗见文天祥如此忠于宋朝,就想拿这一点来责问他。孛罗说:"德祐皇帝是你的君主吗?"

文天祥答:"是我的君主。"

孛罗说:"既然是你的君主,你们弃嗣君而另立二王为君主,这算是忠诚吗?"这问题着实有些难以回答。文天祥坦然答道:"德祐皇帝确实是我的君主,但不幸失国。国一日不能无君,当此时,君为轻,社稷为重。所以,我这就是忠诚。"孛罗满以为这一次要难住文天祥了,没料想自己反倒被文天祥说得哑口无言了。

孛罗又问:"你立二王,有什么功劳吗?"意思是文天祥没有在二王身边服侍,没有尽到自己作为臣子的责任。文天祥回答:"国家不幸丧亡,我们立新君为了存宗庙;存一天,作为臣子就尽一天的本分,说什么功劳不功劳?"又将孛罗的责问驳回去了。孛罗有些恼羞成怒,说:"你想死,我偏不叫你死,我要囚禁你!"文天祥说:"我以义死,囚禁又怎能伤害于我?"这一番舌战以孛罗的完败而告终。

元朝还没死心,他们还要搏一搏。十二月十一日,元朝听取叛臣留梦炎、王积翁的建议,说文天祥曾经向往过道家生活,可安排道士前去劝一劝。这一天,元廷特意安排道士灵阳子前去狱中劝降。没想到文天祥与灵阳子交谈甚欢。文天祥接受灵阳子的规劝,把人生的功利和生死看得很开。他给灵阳子写了一首诗《遇灵阳子谈道,赠以诗》,诗云:"业风吹浩劫,蜗角争浮名。偶逢大吕翁,如有宿世盟。相从语寥廓,俯仰万念轻。天地不知老,日月交其精。人一阴阳性,本来自长生。指点虚无间,引我归员明。"文天祥认为人的生死本来就是元气变化和阴阳五行运作的结果,是宇宙间生生不息的表现,这乃是"道之不息者为之"的结果。元朝想利用道士劝降的招数又失败了。

张弘范,元朝的功臣,是他亲手抓住文天祥的,也是他彻底葬送了南宋小王朝。回到北朝后,他被封为平章政事,官居宰相之位。不幸的是，他在广东染上瘴疠，一直不见好，回到大都，病情发作，于元世祖至元十七年（1280）正月病死，时年43岁。他死前曾建议忽必烈不要杀文天祥，说杀掉文天祥就是元朝政治的失败，而劝其归降，则可以显示元朝皇恩浩荡。忽必烈接受了这一建议。元朝见多次劝降失败，一时也没有办法，于是处理文天祥的事情就被搁置起来了。

广集杜诗，以抗囚禁

文天祥被囚禁后，为了抗击元朝对自己的折磨和打击，不断地读书写字，他写信、写诗、集杜诗成句，来记述亲友的事迹，来表达对亲友的思念。

十月二十四日，他给弟弟文璧写信，说："入幽州，下之狴犴，枷颈锁手，节其饮食，今已二十日。吾舍生取义，无可言者。"从信中可看出他过的是怎样的牢狱生活。在狭窄的牢房里，文天祥仍穿着宋朝的衣服，拒吃元朝的饮食。他想想往事，写写诗歌，时光就这样慢慢流走。幸亏有张弘毅照料他。张弘毅住在牢狱附近，每天为文天祥做宋朝的饭食，直到文天祥从容赴死。

文天祥曾写下组诗《己卯十月一日至燕,越五日,罹狴犴,有感而赋》,共十七首。在诗中,他表达了对生死的看法。他说:"直弦不似曲如钩,自古圣贤多被囚。命有死时名不死,身无忧时道还忧。"其中,第十二首最为人称道:

> 俨然楚君子,一日造王庭。
> 议论探坚白,精神入汗青。
> 无书求出狱,有舌到临刑。
> 宋故忠臣墓,真吾五字铭。

转眼间,到了至元十六年(1279)除夕。元大都地处幽州,冬天极为寒冷,风雪吼叫着扑进牢房。三个月来的牢狱生活,已把文天祥折磨得憔悴不堪,再加上又没有抗御风寒的衣被,文天祥冻得直打哆嗦。"岁除破衣服,夜半刺针线",他居然学会缝补衣服了。

他用集杜甫诗句的办法来抗击囚禁。他集杜诗,思念国家和故乡:"天地西江远,无家问死生。凉风起天末,万里故乡情。"他集杜诗,思念亲人,如母亲、妻子、儿女、弟弟、妹妹、妹夫。他集杜诗思念母亲:"何时太夫人,上天回哀眷？墓久狐兔邻，呜呼泪如霰。"他集杜诗思念妻子欧阳氏："世乱遭飘荡，飞藿共徘徊。十口隔风雪，反畏消息来。"本来一直是盼着消息来，妻子与次女柳娘、三女环娘和妾黄氏、颜氏，自空坑溃败后被俘，直到如今，消息全无，家国不再，听到的又会是什么好消息呢？他思念儿女，说："床前两小女，各在天一涯。所愧为人父，风物长年悲。"他没想到，欧阳夫人与柳娘、环娘自空坑之役被俘，就被押送到大都，拘留在东宫。她们穿着道袍，诵读道经，完全隔绝了与外界的联系。现在元廷试图用家人劝解的办法，来瓦解文天祥的意志。他们让柳娘给文天祥写信，劝其归降。但从文天祥的回信中，可以看出来，元廷劝降又一次失败了。文天祥在《得儿女消息》中写道：

> 故国斜阳草自春，争元作相总成尘。
> 孔明已负金刀志，元亮犹怜典午身。
> 肮脏到头方是汉，娉婷更欲向何人？
> 痴儿莫问今生计，还种来生未了因。

"金刀"为"刘"，暗指刘备；"典午"隐喻司马；"孔明"是诸葛亮的字；"元亮"是陶渊明的字；

"肮脏"即"抗脏",高亢刚直的意思。整首诗联系起来看,文天祥既回答了女儿的问题,也表明了自己的决心。他要像诸葛亮那样扶助刘备,兴复汉室,鞠躬尽瘁,死而后已;也要像陶渊明忠于司马氏一样,忠于赵宋王朝。他还希望,与女儿来生再做父女,再续父女之情。

文天祥稍后给大妹文懿孙写了一封信,内容如下:

> 收柳女信,痛割肠胃。人谁无妻儿骨肉之情?但今日事到这里,于义当死,乃是命也。奈何奈何!途中有三诗,今录至。言之于此,泪下如雨……
>
> 《邳州哭母小祥》(原诗略,见《指南后录》卷二)
>
> 《过淮》(原诗略,即《指南后录》卷二《过淮河宿阙石有感》)
>
> 《乱离歌六首》(原诗略,见《指南后录》卷二《六歌》)
>
> 一、读此三诗,便见老兄悲痛真切之情。事至于此,为之奈何!兄事只待千二哥至,造物自有安排。
>
> 一、可将此诗呈嫂氏,归之天命。仍语

靓妆、琼英，不曾周旋得，毋怨毋怨。徐奶以下皆可道达吾此意。当此天翻地乱，人人流落，天数，奈何奈何！

一、可令柳女、环女好做人，爹爹管不得。泪下，哽咽哽咽。

一、此诗本仍可纳之千二哥。

兄天祥家书达百五贤妹

这封家书是了解和研究文天祥的重要资料，一是可以清楚地了解文天祥被捕以后的牢狱生活，与家人的联系，交代后事等；二是可以研究文天祥被捕以后的思想认识，他对南宋灭亡的看法，对自己守节的认识。"千二哥"当指文璧，"百五贤妹"当指大妹文懿孙。"途中有三诗"，指的就是文天祥一路北上写下的三首诗。

这一年的仲秋，原南宋宫廷著名琴师汪元量来狱中看望文天祥。汪元量，南宋钱塘（今浙江杭州）人。宋亡，他随三宫一起被押解到大都。元廷要招降他，他不从，被赐为黄冠道士。表面上，他仙风道骨，实际上，他眷恋故国山河。他看望文天祥，首先为文天祥弹奏了蔡文姬的《胡笳十八拍》，两人心性相通，都对自己身为亡国之人心怀忧愤。文天祥则为汪元量诵读了一首刚写的《读杜诗》，这首诗既写杜甫，也写自己：

> 平生踪迹只奔波，偏是文章被折磨。
> 耳想杜鹃心事苦，眼看胡马泪痕多。
> 千年夔峡有诗在，一夜耒江如酒何？
> 黄土一丘随处是，故乡归骨任蹉跎。

之后，二人谈诗论文。汪元量也是个诗人，有诗集行世，对诗歌有自己的见解。汪元量要文天祥以"胡笳"为题写十八首诗。文天祥说，时间紧促，一时难以写出，请他改日再来狱中。十月间，汪元量又来到狱中，文天祥将写好的十八首新"胡笳十八拍"交给汪元量。这十八首诗，用的是杜甫的诗句，模仿的是蔡文姬的口吻，描述的是南宋沦亡的社会现实和文天祥被俘后的处境，有一定的历史认识意义。汪元量辞行时，对文天祥说，一定要尽节，要"以忠孝白天下"，并表示自己也将"归死江南"。

文天祥是把《集杜诗》作为诗史来写的，一部《集杜诗》共200首，每一首冠以小序。如《误国权臣》小序中说："似道丧邦之政，不一而足。其羁虏使，开边衅，则兵连祸结之始也。哀哉！"小序说明写作对象和背景，这首诗是写给贾似道的，诗云："苍生倚大臣，北风破南极。开边一何多，至死难塞责。"这首诗对贾似道的误国政策做了清算。200首诗，每一首都凝血成诗，每一首都是泣血之作，记述了自宋理宗晚年到元至元十七年（1280）的全部史实，感情丰富，爱憎分明。

《集杜诗》的排列次序是：先"社稷第一"，再"理宗度宗第二"。在文天祥心中，"社稷为重""君为轻"。在诗歌风格上，《集杜诗》与杜甫的诗史一脉相承。文天祥在《集杜诗》的序言中说："子美于吾隔数百年，而其言语为吾用，非性情同哉。昔人评杜诗为'诗史'，盖其以咏歌之辞寓记载之实，而抑扬褒贬之意灿然于其中。虽谓之史可也。予所集杜诗，自余颠沛以来，世变人事，盖见于此矣。是非有意于为此诗者也。后之良史，尚庶几有考矣。"文天祥还利用集杜诗的方式，深切地思念国家的忠良之臣，如江万里、张世杰、李庭芝、姜才、陆秀夫、家铉翁等，思念一起出生入死的同僚和好兄弟，如杜浒、刘沐、吕武、巩信、赵时尚、邹沨、缪朝宗、金应等。他评价潭州的守将李芾，城破后，李芾全家殉国，文天祥写道，"城中贤府主""千秋万岁名"；评价淮东姜才说，"其英风义烈""死亦垂千年"。

九月初七日，这一天是文天祥母亲的忌日。父母去世已两周年，所以这一天是大祥之日。文天祥一早就起来了，他要准备隆重的祭奠。他身穿缟素麻衣，把母亲的灵位供奉于桌几上，且哭且拜，且拜且歌，以一泄胸中的郁闷之慨：

> 前年惠州哭母敛，去年邳州哭母期。
> 今年飘泊在何处？燕山狱里菊花时。
> 哀哀黄花如昨日，两度星周俄箭疾。
> 人间送死一大事，生儿富贵不得力。
> 只今谁人守坟墓？零落瘴乡一堆土。
> 大儿狼狈勿复道，下有二儿并二女。
> 一儿一女亦在燕，佛庐设供捐金钱。
> 一儿一女家下祭，病脱麻衣日晏眠。
> 夜来好梦归故国，忽然海上见颜色。
> 一声鸡叫泪满床，化为清血衣裳湿。

第十七章
英勇就义

辞亲别友

　　文天祥在兵马司住的是什么样的土牢呢？据记载，屋内宽仅8尺，深不足3丈，像一个窄巷子，门窗低矮，不通风，室内昏暗，终日不见一丝阳光。冬天寒风呼呼地扑进室内，夏天雨水经常倒灌进牢房。因为积水浸泡，"大屋欹倾小屋倒"，兵马司的牢房没法住了，文天祥与其他犯人一起，被转移到宫籍监居住。宫籍监地处市区，原是一所住宅，"明窗净壁，树影横斜"，条件相对要好一些。文天祥说："不似为囚似为客，倚窗望断暮天涯。"不过在这儿只住了6天，文天祥又被迁回去了，被临时安排在一个小房间里。没住多久，原先的土牢修好了，文天祥又搬回土牢里。土牢仍旧是湿热难耐,仍旧是臭气难闻。但文天祥早已经不在乎这些了。

元世祖至元十七年(1280)春天,已任元朝少中大夫、惠州路总管兼府尹的文璧接到元廷的诏令,要他去元大都觐见元帝忽必烈。五月,文璧来到大都,却传忽必烈按惯例已去上都(今内蒙古锡林郭勒)避暑,要九月才能返回。文璧只好在京城等待。

文璧到达京城的消息,乌马儿(元代初期政治家,塔吉克族人)告诉了文天祥。兄弟俩终于有机会见面了。此时,面对文璧,文天祥心情复杂,一个马上臣,一个阶下囚,一个降元,一个坚贞,兄弟俩该如何面对?文天祥说:"去年别我旋出岭,今年汝来亦至燕。弟兄一囚一乘马,同父同母不同天。可怜骨肉相聚散,人间不满五十年。三仁生死各有意,悠悠白日横苍烟。"文天祥念的是手足情深。当然,文天祥心情也很矛盾,他说:

> 家国伤冰泮,妻孥叹陆沉。
> 半生遭万劫,一落下千寻。
> 各任尔曹命,那知吾辈心。
> 人谁无骨肉,恨与海俱深。

作为人臣,他必须尽忠;作为长子,他必须尽孝。在即将到来的生死关头,他有太多的话要对文璧说,有太多的事要对文璧交代,因此,他盼着见面。

元世祖至元十八年(1281)春天,忽必烈在宴殿召见了文璧,并任命文璧为临江路总管兼府尹。有人告诉他说:"这是文天祥的弟弟。"忽必烈问:"谁是文天祥?"左右说:"就是文丞相。"忽必烈说:"是好人也。"又对着文璧说:"此人是孝顺我的。"觐见了元帝,也封了官职,文璧准备启程回江西临江府(今江西樟树市)去上任了。临走前,他去监狱与哥哥告别。文天祥特别叮嘱文璧五件事:

第一件,在家乡买一块地,安葬自己的遗骨,如果遗骨难归,就招魂葬之。

第二件,感谢他将文升过继给自己做儿子,自己可以死而无憾了。

第三件,大妹一家流落在大都,当竭尽全力救出,使其归乡。(文璧通过家铉翁的联系,已在京城见过文懿孙,兄妹相见,痛哭一场。)

第四件,请知心好友邓光荐为自己写墓志铭,如果墓志铭暂时不便公开,可先留待,以待来日。

第五件,在家乡文山为自己建一座祠堂,以便后人祭祀。

文璧含泪一一答应了。文璧要留下一些元朝宝钞,让哥哥添置一些御寒的衣物,文天祥说:"此逆物也,我不受。"文璧赶紧收起,羞赧地退出了牢房。文天祥还把自己整理好的《集杜诗》二百首一卷、《指南录》四卷,和自己的一撮头发,用一个小布袋装着,托付张弘毅转交给文璧。文天祥又给小弟文璋写了一封信,说:"我以忠死,仲以孝仕,季也其隐。隐当若何?山中读书可也。其它日,为管宁,为陶潜,使千载以下,以是称吾三人。"小弟文璋不仕元朝,终身隐居在山中读书,以此终老。

五月十七日深夜,元大都忽然下起了一场暴雨,顷刻之间,牢房成为一片汪洋。文天祥呼喊牢卒,可因为雨声太大,牢卒根本听不见。水漫过木床,已经无法睡觉了。文天祥只能站在牢房中央等待天亮。他看到,水漫过老鼠的洞穴,老鼠都游了出来,在水中扑腾,像鱼一样乱窜,一会儿就溺水而死。文天祥在水中站了整整一夜。第二天,牢卒过来排水,一开渠沟,水就像决堤一样，倾泻而出。

这一场暴雨浇得文天祥格外高兴，因为他心中早已经置个人生死于度外，他想的是天下苍生。这一年的春夏，元大都久旱无雨，禾苗枯焦，而农作物正处在生长的黄金时节，急需雨水灌溉，所以文天祥很高兴。他在《五月十七日夜大雨歌》中写道："达人识义命，此事关纲常。万物方焦枯，皇皇祷穹苍。上帝实好生，夜半下龙章。但愿天下人，家家足稻粱。我命浑小事，我死庸何伤。"多么博大的胸襟，多么宽广的胸怀，这是同杜甫一样民胞物与的胸怀。当年杜甫在成都曾为一场春雨写过一首诗《春夜喜雨》：

> 好雨知时节，当春乃发生。
> 随风潜入夜，润物细无声。
> 野径云俱黑，江船火独明。
> 晓看红湿处，花重锦官城。

七月初二日，元大都又下了一场暴雨。文天祥所想的仍然不是个人遭受的苦难，仍然是天下苍生。他写道："天门皇皇虎豹立，下士孤臣泣云表。莫令赤子尽为鱼，早愿当空日杲杲。"第二天，天气放晴，暑热难耐。牢房仿佛一个蒸笼，又闷又热，死老鼠发出的臭味一阵一阵散发开来，奇臭难闻。在这样的屋子里待着，别说做饭、洗衣，就是站一会儿都受不了。然而文天祥安之若素，怡然自得。文天祥说："是殆有养致然尔。然亦安知所养何哉？孟子曰'吾善养浩然之气'。彼气有七，吾气有一。以一敌七，吾何患焉！况浩然者，乃天地之正气也。"于是，文天祥一口气写下了大气磅礴的《正气歌》：

> 天地有正气，杂然赋流形。下则为河岳，上则为日星。于人曰浩然，沛乎塞苍冥。
> 皇路当清夷，含和吐明庭。时穷节乃见，一一垂丹青。在齐太史简，在晋董狐笔。
> 在秦张良椎，在汉苏武节。为严将军头，为嵇侍中血。为张睢阳齿，为颜常山舌。
> 或为辽东帽，清操厉冰雪。或为出师表，鬼神泣壮烈。或为渡江楫，慷慨吞胡羯。
> 或为击贼笏，逆竖头破裂。是气所磅礴，凛烈万古存。当其贯日月，生死安足论。
> 地维赖以立，天柱赖以尊。三纲实系命，道义为之根。嗟予遘阳九，隶也实不力。
> 楚囚缨其冠，传车送穷北。鼎镬甘如饴，求之不可得。阴房阒鬼火，春院閟天黑。

牛骥同一皂，鸡栖凤凰食。一朝蒙雾露，分作沟中瘠。如此再寒暑，百疠自辟易。

　　哀哉沮洳场，为我安乐国。岂有他缪巧，阴阳不能贼。顾此耿耿在，仰视浮云白。

　　悠悠我心悲，苍天曷有极。哲人日已远，典刑在夙昔。风檐展书读，古道照颜色。

《正气歌》是文天祥一生的写照，是他哲学思想的集中表现，也是他诗歌创作的集大成之作。这首诗，阐述了文天祥的人生观，人生有七气，乃"水、土、日、火、米、人、秽"，他以一气敌七气，这一气就是正气，就是孟子所说的浩然之气。全诗元气淋漓，正气酣畅。整首诗层次分明，慷慨奔泻，大气浑成，体现了积极的人生态度，抒发了慷慨悲凉的生命豪情。

柴市赴刑

元世祖至元十八年（1281）十二月三十日，文天祥在兵马司监狱度过了第三个除夕，也写下了第三首诗《除夜》：

　　乾坤空落落，岁月去堂堂。
　　末路惊风雨，穷边饱雪霜。

命随年欲尽，身与世俱忘。

无复屠苏梦，挑灯夜未央。

冥冥中，文天祥预感到大限即将来临。他该安排后事了。《集杜诗》已经编好了，《指南录》四卷也已经编好了，这两个都曾委托张弘毅转交给文璧了。《指南后录》三卷也编完了，还有一本《纪年录》。《指南后录》三卷，第一卷分为上下两部分，上部分包括《过零丁洋》至《虎头山》等，北上广州时，已送给惠州教授谢崔老，下部分含《自广州第一宿》至《东海集序》；第二卷包括至元十六年（1279）八月二十四日到这年年底的诗稿；第三卷包括至元十七年（1280）正月初一到至元十九年（1282）所写的诗。《纪年录》是文天祥记述自己生平大事的系年要目，从宋理宗端平三年（1236）五月一直记到至元十九年（1282）。

监狱中的生活，严重摧残着文天祥的身体。三年中，文天祥病倒三次，最厉害的一次是至元十九年（1282）正月。从正月二十日起，文天祥就全身发烧，臀部的痛疽（毒疮）严重溃脓，血流不止。他原本就患有眼疾，疼痛难忍，左眼几乎失明，视力急剧下降。这次生病一直到二月初四才好，文天祥感受到从未有过的痛苦。他担心自己一病不起，于是抓紧时间写遗言。他给自己写了一首《自赞》，序云：

> 吾位居将相，不能救社稷、正天下，军败国辱，为囚虏，其当死久矣。倾被执以来，欲引决而无间。今天与之机，谨南向百拜以死。

诗云：

> 孔曰成仁，孟曰取义，惟其义尽，所以仁至。
>
> 读圣贤书，所学何事？而今而后，庶几无愧。
>
> 宋丞相文天祥绝笔

32个字，两次提到"仁"，两次提到"义"，可见文天祥是多么看重"仁义"！他是在用生命践行着儒家的仁义思想。在《指南后录》序言中，文天祥说："生无以救国难，死犹为厉鬼以击贼，义也""雪九庙之耻，复高祖之业，所谓誓不与贼俱生，所谓鞠躬尽力，死而后已，亦义也"。"义"在文天祥心中，是一个大写的字，是一种顶天立地的意志。他是为南宋小王朝（早已经灭亡）

活着吗？为他们守节吗？不，他是为一种信念而活着，而守节。文天祥是一个大写的生命。

元世祖至元十九年（1282）三月，元廷发生了一件大事，权倾朝野、把持朝政20年之久的阿合马被杀了。阿合马被杀，让忽必烈意识到元廷中有一股暗流，而且这股暗流有汉人参与，他意识到必须在元汉之间找到一种平衡。忽必烈命孛罗和和礼霍孙合办此案，办案期间，和礼霍孙被提拔为中书右丞。和礼霍孙曾多次建议国子学招录汉家子弟，任丞相后，仍极力起用博学多才的汉儒。他建议元帝起用文天祥。

这一年秋天，忽必烈从上都回到大都，当他问南北宰相谁贤能时，群臣答道，北人耶律楚材，南人文天祥，忽必烈点了点头，这合他的心意。两年前，孛罗奏请杀掉文天祥，忽必烈没有点头，现如今，为了一种平衡，也因为文天祥忠贞不屈、博学多才，他要请文天祥出山了。忽必烈同他爷爷成吉思汗一样，也是一位有雄才大略的帝王，劝降文天祥不仅出于政治的需要，也出于他爱才惜才的需要。

这是一个好消息，忽必烈不杀文天祥了，不仅不杀，还要请文天祥出来做宰相！宋朝叛将王积翁、谢昌元很高兴，他们马上将这一消息报告给了文天祥，希望文天祥顺时应变，接受这一任命。然而，文天祥不领情，他说："诸君义同鲍叔，而天祥事异管仲。管仲不死，而功名显于天下；天祥不死，而尽弃其平生，遗臭于万年，将焉用之？"王积翁只得把文天祥的决绝态度报告给了元帝，又担心元帝一怒之下杀了文天祥，于是说："文天祥，宋状元宰相，忠于所事。若释不杀，因而礼待之，亦可为人臣好样子。"忽必烈沉默良久，说："且令千户（兵马司）所好好与茶饭者。"然而，文天祥却连这个面子也不给，他说："吾义不食官廪数年矣，今一日饭于官，果然，吾且不食。"他三年只吃张弘范送来的饭，因为那是宋朝的饭食。好一个固执的文天祥！

文天祥该如何处置又被搁置起来了。

转眼又到冬天了，北地寒冷的天气又将肆虐文天祥病残的身躯。文天祥无他法，只能靠顽强的意志战胜它，靠写诗激励自己。他写了一首《梅花》以自喻：

梅花耐寒白如玉，干涉春风红更黄。
若为司花示薄罚，到底不能磨灭香。

忽必烈还在犹豫。然而接下来发生的几件事，促使忽必烈要杀了文天祥。

第一件，曾与文天祥在江西交过手的麦术丁力主杀掉文天祥，以绝后患。恰在这时，文天祥接到大舅曾棐的来信，并立即写了回信。信中道："天祥自国难以来，间关兵革，鞠躬尽力，百折而不悔，以致家国俱毙，为之何哉！当仓皇时，仰药不济，以致身落人手，死生竟不自由。及至朔廷，抗辞奉节，留连幽囚，旷阅年岁。"麦术丁得知了，这还了得！他还得知文天祥在狱中写了大量的诗文，以诗明志，多有送人，甚至许多人主动委托张弘毅向文天祥索取诗文笔墨，"翰墨满燕市"，闹得满城风雨。麦术丁一怒之下，查抄了文天祥所有的诗文，连书籍一并没收，并建议忽必烈必杀文天祥，而且要快杀。

第二件，元朝太子截获了一封匿名信。在中山府（今河北定县）有一个叫薛保住的人，聚集义士2000人，扬言要劫狱救出文天祥。刚好太子截获了一封匿名信，信中说："两卫军尽足办事，丞相可以无虑。"还说："先焚城上苇子，城外举火为应。"大臣们猜测，这里说的"丞相"莫非是指文天祥？于是元廷下令，全城戒严，将赵宋宗室全部迁出元大都,迁往上都以北。

第三件,妙曦和尚话中藏有玄机。忽必烈从福建请来一得道高僧,叫妙曦,请他占卜星相。有一天,他忽然跟忽必烈说:"十一月,土星犯帝座,恐有变。"忽必烈大吃一惊,对文天祥不敢掉以轻心!在一个普遍迷信星相的年代里,这和尚说的话相当具有权威性。

这三件事让忽必烈暗下决心,要杀掉文天祥。但他还在犹豫。十二月初七日,有臣子奏请劝降文天祥,说:"当今不杀文丞相,君义臣忠两得之。"忽必烈决定,自己亲自劝降一回,如果不行,再做决断。

十二月初八日,文天祥被带至元廷宫殿。见到忽必烈,文天祥也是长揖不拜。左右喊道:"下跪!"有的侍卫上来按住文天祥,逼其下跪,有的用棍棒击打文天祥的膝盖,使其下跪,文天祥就是不下跪。忽必烈觉得没必要在这件事上纠缠,于是便问:"汝在此久,如能改心易虑,以事亡宋者事我,当令汝中书省一处坐者。"

文天祥说:"天祥受宋朝三帝恩厚,号称状元宰相,今事二姓,非所愿也。"

忽必烈问:"汝何所愿?"

文天祥说:"宋无不道之君,无可吊之民,不幸母老子弱,权臣误国,用舍失宜,北朝用其叛将叛臣,入其国都,毁其宗社。天祥相宋于再造之时,宋亡矣,天祥当速死,不当久生。"

忽必烈说:"汝不为宰相,则为枢密。"

文天祥说:"一死之外,无可为者。"

求死的大门敞开,求生的大门紧闭,自始至终,文天祥没有半点犹豫,为仁义殉节,他丝毫也不动摇。忽必烈命文天祥退廷,他还在犹豫。麦术丁急了,赶紧上前启奏,说:"文丞相英才伟略,古今罕有。曩者开督府于汀州,筹略号令,本朝将帅皆不可及。苟释之使去,彼必遁回江南,号召天下,为国家之大患。不如从其所请,以绝祸根也。"其他宰相也奏请说:"天祥既不归附,不若如其请,赐之死。"

忽必烈终于下定决心,准奏。

这天晚上,文天祥回到兵马司监狱,和衣躺在床上,静静地等待天明。

元世祖至元十九年(1282)十二月初九日,这一天,大风起兮,黄沙弥漫,元大都如临大敌,全城戒备森严。宣谕使来到监狱,向文天祥宣布死刑。文天祥平静地说:"吾事了矣。"三年来,他日夜等待的就是这一天。狱卒解除他的儒巾,给他戴上黄冠,戴上木枷。文天祥荷枷出门,登上囚车,来到街上。当年"体貌丰伟,美晰如玉,秀眉而长目,顾盼烨然"的文天祥已经被折磨得骨瘦如柴,面容憔悴,白发飘落,但他仍然仪态从容,步履稳健,浑身投射出一种富贵不能淫、贫贱不能移、威武不能屈的浩然正气。

文天祥脸不变色,步态安然,且行且歌,唱起了心中早已拟好的赴刑歌:

> 昔年猃狁侵荆吴,恃其戎马恣攻屠。
> 忠臣国土有何辜?举家骨肉遭芟锄。
> 我宋堂堂大典谟,可怜零落蒙尘污。
> 二君之海不复都,天潢失散知有无。
> 衣冠多士沉泥涂,齐民尽陷敌版图。
> 我为忠烈大丈夫,诗书礼乐圣贤图。
> 竭心罄力思匡扶,驱驰岭表万里途。
> 如何天假此强胡,宗庙不辅丹心孤。
> 英雄丧败气莫苏,痛哀故主双眸枯。
> 今朝此地丧元颅,英魂直上升天衢。
> 神光皎赫明金乌,遗骸不惜弃草芜。
> 谁人酹奠致青刍?仰天长恨伸呜呼!

囚车上的文天祥气宇轩昂,且歌且行,态度平静从容。街道两边,早已是人头攒动。人们早就听说文丞相是大丈夫,不仅仪表堂堂,学富五车,而且一身正气,视死如归,今日一见,果然名不虚传。人们惊叹不已!宣谕使看见这种场面,也惊呆了,赶紧对众人说:"文丞相,南朝忠臣。皇帝使为宰相,不可,故随其愿,赐之一死。非他人比也。"为了防止意外,宣谕使加快了赶车的速度。

到达柴市刑场(今北京西城区菜市口西),文天祥问哪里是南方,宣谕使告诉了他,于是文天祥面南站立,拜了再拜,说道:"我宋列圣在天之灵,愿俾天祥早生中原,遇圣明之主,当剿此胡以伸今日之恨!"

宣谕使问:"丞相今有甚言语?回奏尚可免死。"

文天祥说:"死则死尔,尚何言!"说罢,索要纸笔,一挥而就,写就两首七律:

> 昔年单舸走维阳,万死逃生辅宋皇。
> 天地不容兴社稷,邦家无主失忠良。
> 神归嵩岳风雷变,气吐烟云草树荒。
> 南望九原何处是?尘沙黯淡路茫茫。

衣冠七载混毡裘，憔悴形容似楚囚。
龙驭两宫崖岭月，貔貅万灶海门秋。
天荒地老英雄散，国破家亡事业休。
惟有一灵忠烈气，碧空长共暮云愁。

写完，文天祥扔掉纸笔，对监刑官说："吾事已毕，心无怍矣。"面南而立，引颈受刑，从容就义，时年47岁。

忽必烈决定杀掉文天祥后又后悔了，即诏令送达刑场，刀下留人，可是已经晚了。第二天临朝时，忽必烈说："文丞相，好男子，不肯为吾用。一时轻信人言杀之，诚可惜也！"北人写诗赞颂文天祥的英烈："元归凛凛有生气，南北人夸姓氏香。"南宋遗民，人人哀悼，纷纷酹酒祭奠。忽必烈后来还说："吾亦悔杀此人。至今伤悼，噬脐无及。朕今以礼祭奠，赠谥厚爵，庶可解其幽明之恨。"于是加封文天祥特进金紫光禄大夫、开府仪同三司检校、太保、中书平章政事、庐陵郡公，并谥号忠武。元廷稍后查抄了兵马司土牢和文天祥在江西富川的老家，除了搜到一些诗文外，其他的什么都没有。文家家徒四壁，环境萧然，元人一无所获。

十二月初十日，欧阳夫人奉旨前往刑场为文

天祥收尸，陪同前往的还有张弘毅和江南十义士。欧阳夫人从文天祥的衣带里发现了《自赞》诗，抚尸痛哭。文天祥葬于元大都小南门（今北京宣武门至城与西南角之间）外五里处大道旁，这里是文天祥经卢沟桥进入元大都的地方。至元二十年（1283），张弘毅将文天祥的灵柩送回家乡庐陵，至元二十一年（1284）文天祥葬于家乡富川二十里之大鹜湖大坑（今江西吉安青原区木湖村），实现了文天祥"狐死首丘"的愿望。

在家乡，文天祥的继子文升以丧主的身份，奉筵设祭，守灵尽孝。文天祥安葬后，他又结庐守墓三年，恪尽孝道。文升遵父亲文天祥遗嘱，乞请邓光荐为其父写墓志铭。邓光荐履行承诺，不仅写了墓志铭，还写了《文天祥传》。这篇传记是文天祥就义后的第一篇传记。元成宗大德二年（1298），文升寻找到欧阳夫人，迎养六年后，接回江西庐陵老家，为其养老送终。